무노쌤의 쉽게 배우는 정보융합교육 시리즈 3

Workspace와 Apple 교실 App 활용까지

나는 미래 스마트교사

미래 교육 플랫폼

이 문 호 지음

바로세움

나는 미래 스마트교사

초판 1쇄 인쇄 | 2020년 12월 7일
초판 1쇄 발행 | 2020년 12월 7일

지은이 | 이문호
펴낸이 | 최현혜
펴낸곳 | ㈜아리수에듀
출판신고 | 제2016-000019호

바로세움은 ㈜아리수에듀의 출판 브랜드입니다.

주소 | 서울시 관악구 은천로 10길 25, B1(봉천동)
전화 | 02)878-4391
팩스 | 02)878-4392
홈페이지 | www.arisuedu.co.kr

ISBN   978-89-93307-98-6   03000

국립중앙도서관 출판예정도서목록(CIP)

나는 미래 스마트 교사 / 지은이: 이문호.
서울 : 바로세움 : 아리수에듀, 2020
  p. ; cm
(무노쌤의 쉽게 배우는 정보융합교육 시리즈)

ISBN 978-89-93307-98-6 03000 : ₩20000

이 도서의 국립중앙도서관 출판예정도서목록(CIP)은 서지정보유통지원시스템 홈페이지(http://seoji.nl.go.kr)와
국가자료종합목록 구축시스템(http://kolis-net.nl.go.kr)에서 이용하실 수 있습니다. (CIP제어번호 : CIP2020049832)

나는 미래 스마트교사

미래 교육 플랫폼

Workspace와
Apple 교실
App 활용까지

들어가는 글

21세기 학교교육현장의 수업 방법은 이전의 교육과는 달라져야 한다. 2020년 현재 비대면 수업을 위한 각종 LMS의 방법들이 소개되고 있는데 학교 현장과 지도 교사의 변화된 교육상황에 대한 수용자세가 더욱 절실하다.

각종 스마트 도구와 기기의 발달로 인하여 우리 생활은 많은 변화를 가져오고 그 변화에 적응해 나가고 있다. 모든 세대들이 쉽게 접근하여 활용할 수 있는 기술이 제공되기는 힘들겠지만, 미래 교육에 참여하는 MZ세대에 대한 혁신적인 수업 방법에 대한 고민과 지도능력이 필요한 때 이다.

학교 현장에 무선 환경이 구축 된다면 학교 업무나 수업 방법에 대한 다양한 요구가 있을 것이다. 기본적인 OS 와 오피스 활용 수준을 넘어 네트워크를 효과적으로 활용하거나, 온라인 플랫폼을 적극적으로 활용할 필요가 있다. 학생지도에 있어서도 Offline 교실 공간의 제약을 벗어나 Online에서 공부를 꾸준히 할 수 있는 Platform이 필요하다. Cloud 기반의 LMS Platform 이야 말로 현재로서 최적의 Solution을 제공하고 있다.

Web을 통한 다양한 Service를 제공받을 수 있으며 수업 지도 방법 및 학습 도구로서 활용능력을 키울 수 있어, 미래의 수업방법을 연구하기에 필수적인 역할을 하고 있다.

    대표적인 스마트 교육을 위한 플랫폼으로 Google과 Apple이 있다. 현재 대부분의 Device의 웹과 모바일 환경에 가장 최적화 되어 있는 플랫폼을 교육환경에 적극적으로 활용할 필요가 있을 것이다. 학교 현장 에서는 Windows OS를 기본으로 하지만 웹과 네트워크를 통한 수업활동과 업무활용에 대한 기술적인 내용을 적용하여 활용할 수 있다.

    현재의 스마트 교육방법은 네트워크를 활용한 LMS 솔루션들이 적극 활용되고 있어 온라인 학습 뿐 아니라 네트워크에 대한 기본 개념 또한 필요하다. 무선 환경 설정을 통하여 다양한 모바일 기기의 접근 및 관리를 필요로 하며 네트워크의 적극적 활용 방법에 대한 노력도 필요할 것이다.

    학교에서는 지도를 위한 각종 디지털 자료 생성에 대한 보관 방법을 고민하고 있다. Google과 같은 솔루션을 이용할 수 도 있지만 보인상 학교 자료 노출에 대한 약점을 안고 있어 보안이 강화된 내부 파일서버를 활용하는 것도 한 방법이다.

    Workspace와 Apple 교실을 통한 효과적인 스마트교육 방법으로 수업구성과 적용을 해보고, 현장 적용 가능한 보다 다양한 방법들을 연구하므로 해서 혜택을 받는 학생들이 더욱 많아 질 것이라고 생각한다.

2020년 12월
이 문 호

CONTENTS

Workspace 이해

Part 1
Workspace 이해

가. Group ware와 Cloud

그룹웨어는 여러 사용자가 각자의 작업 환경에서 통합된 하나의 프로젝트를 동시에 작업 진행할 수 있도록 만들어 주는 소프트웨어로 Lotus사의 로터스 노츠(Lotus Notes)가 시초이다.

네트워크 환경 개선과 효율적인 작업을 위해 다양한 솔루션들이 등장하여 활용되고 있다. 학교현장에서도 이러한 개념을 빨리 도입하여 학교업무와 효과적인 스마트교육에 필수적으로 활용되어야 한다.

비대면(untact) 산업과 4차 산업혁명 시대의 효율적인 전자업무 처리와 효과적인 온라인 수업 활동의 필요에 의해 그룹웨어가 학교현장에서도 적극 도입되어 활용될 수 있는 방법들을 찾아보고자 한다.

과거 standalone 시대를 지나 일방, 쌍방 미디어 소통의 시대를 거쳐 이제는 협업하여 효과적인 결과물을 만들어 낼 수 있는 수단을 찾아 익혀야 할 시점이다.

원격교육, 온라인 교육 방법을 지향해야 하는 이 시점에 적절한 솔루션이 Workspace(Google G suite for Education)라고 볼 수 있다.

Cloud 기반으로 제공되는 이 그룹웨어는 일반 직장에서는 그 필요성과 효율적인 업무 활용이 정점에 와 있지만 학교 환경에서는 효과적인 활용 방법에 대한 제시가 드물어 그 방법을 공유하고자 한다.

서류위주의 탁상업무에서 벗어나 현장 중심의 업무활동이 가능하므로, 학교현장에서도 제한된 학교 공간에서만의 교육이 아닌 시공간의 제약이 없이 개인 활동에 맞춘 학습활동의 지속이 가능하다.

의사결정을 할 때나 특정 장소에서의 회의를 진행해야 한다는 제한에서 벗어나 실시간으로 모든 대상과 효과적인 회의 활동을 할 수 있을 것이다.

직장과 자택의 공간적 구별을 통한 업무와 휴식을 구분 짓지 않을 수 있을 것이다. 더욱이 육아나 장애, 고령자 등도 제한된 취업 환경에서 벗어나 직장과 자택의 구분 없이 업무를 할 수 있는 여건이 조성되어 근무환경의 유연한 변화도 가져 올 수 있고, 학습할 수 있는 방법도 다양해 질 것 이다.

일반적으로 그룹웨어 솔루션을 통한 협업은 소통 도구, 회의 도구, 관리 도구, 검색도구 등으로 나눠 볼 수 있다.

첫 번째 Workspace에서 소통 도구로는 Meet, duo, 행아웃을 들 수 있다. 스마트 도구 형태를 PC는 기본이고 모바일 도구를 1개 이상 씩 가지고 있다고 본다면 기존 PC를 기본으로 모바일과의 소통을 할 수 있는 다양한 소통 솔루션이 필요할 것이다. Meet와 duo, 행아웃 등도 이러한 다양한 도구들의 소통을 원활하게 이끌어 내기 위한 과정에서 탄생한 것이라 볼 수 있겠다.

두 번째로 회의 도구 역할에서는 소통의 도구가 활용될 뿐만 아니라 소통에 필요한 자료를 공유하면서 회의를 진행하기 위한 오피스 도구 기능도 있을 것이다. 비록 MS office의 탁월한 기능을 모두 뛰어 넘지 못하지만 기본적인 기능에 충실하며 회의 활동을 위한 공유 도구의 기능을 충실히 해 낼 수 있다. Google 각종 Office 도구와 기타 추가 서비스 도구들은 회의 역할에 필요한 기능들이다.

세 번째로 관리 도구로 본 Workspace는 메일 기반으로 계정이 발급되어 Google 서비스의 혜택을 받을 수 있는 원리로 되어 있고, 그 계정도 학교 마다 다르게 만들어진 DNS를 활용하여 별개의 Google 계정이 발급되어 활용하도록 되어 있다.

그렇게 발급되는 계정은 학교 구성원(교사, 교직원) 뿐만 아니라 학생들에게도 각자 메일 계정을 발급하여 개인화 업무 및 수업활동에 효과적인 방법으로 활용할 수 있다.

네 번째로 최고의 검색 도구인 Google은 정보의 정확성 및 신뢰성을 확실히 담보할 수 있어 학습활동이나 업무 정보의 기본이 될 수 있다. 관련 지도, 트렌드, 동영상, 사진 등 정보 가치가 있는 자료들을 가지고 있고 다양한 방법의 공유 및 활용 방법들이 있고 매번 갱신되는 IT신기술들이 접목되어 소개되고 있다.

이러한 그룹웨어의 대표적인 특징을 현재의 IT기술과 접목하여 가장 현실적이고 효과적인 방법으로 서비스하고 있는 Workspace를 활용하여 내부 네트워크 뿐 아니라 인터넷 웹상에서도 충분히 활용할 수 있으면 좋겠다.

나. Workspace

Google은 2016년 미국 산호세 시립 대학교(San Jose City College)에서 SJCC 도메인 주소 및 계정 관리용 관리자 도구를 포함한 도메인 테스트용 G메일을 출시했다.

그해 8월 기관 및 단체용 앱인 도메인용 Google 앱스를 출시했다. 여기에는 G메일, Google 토크, Google 캘린더, Google 페이지 크리에이터(Google 사이트로 대체됨)가 포함되어 있다.

10월에는 교육용 Google 앱스라는 학교용 버전을 공개하게 된다. Google 앱스에서 G-Suite로 변경하였다가 현재는 Workspace로 정식 명칭을 변경하고 본격적으로 사업을 하고 있다.(교육기관 및 비영리 단체용은 아직까지 G-Suite라는 명칭을 사용하고 있으나 조만간 Workspace로 변경할 것이라 예상되어 본 교재에서는 Workspace로 통일시키기로 하였다.) Google의 유료 서비스로 클라우드 컴퓨팅 생산성 및 협업 소프트웨어 도구, PC 기반 및 웹 기반으로 모든 디바이스에서 활용 가능한 형태의 서비스 들이다. 2016년 이전에는 업무용 Google 앱스, 기업용 Google 앱스(Google Apps for Work)로 사용하였으나, 현재는 Workspace로 불리고 있다.

Workspace에는 G메일, 구글 드라이브, Google 행아웃, Google 캘린더 및 Google 문서도구 등 Google에서 제공되는 여러 웹 기반의 애플리케이션이 있다. Workspace는 클라우드 컴퓨팅 솔루션(Software-as-a-Service : SaaS)으로 Google의 데이터 센터 네트워크를 통하여 Workspace를 이용하는 사용자들에게 제공되고 있다.

Workspace 사용자들은 Google에서 제공하는 여러 서비스를 무료로 이용할 수 있고, 사용자 도메인(@school.es.kr)을 발급하여 사용자에 맞는 맞춤형 전자 우편 주소를 제공하고, 웹상의 오피스를 활용할 수 있도록 문서 및 전자 우편을 저장할 수 있는 공간을 제공한다.(교육용은 무제한이다.) 현재 중소기업에서 Fortune지 선정 500대 기업에 이르기까지 수백만 개의 기업에서 활용하고 있다.

학교에서 자체 도메인을 갖고 사용할 경우에는 14일 무료 평가판 제공 후 학교 활용을 권장 한다. 일간 도메인 신청기간 동안 무료 평가판을 통한 관리자의 활용방법을 익히는 것도 좋은 방법이다.

Google은 Workspace를 사용하면서 보안에도 다음과 같이 신경을 쓰고 있다.

학교에서 클라우드 컴퓨팅 시스템을 이용하게 될 경우(클라우드 교실과 같은) 가장 우선적으로 생각 할 부분은 보안이다.

Google은 기본적으로 고객의 데이터를 보유하지 않는다고 명시하고 있고 Workspace 서비스를 통하여 Google에서 만들어지는 데이터는 Google의 데이터 센터에 보관되어 권한을 가진 극히 일부 직원만이 액세스가 가능하다. 이러한 데이터는 타인과 공유하지 아니하며 고객이 저장하고 요청한 데이터를 Google에서는 단지 보관하는 역할만 담당한다.

업로드 되는 문서들은 모두 암호화되기 때문에 관리자 및 사용자 들이 공유 권한의 설정에서 주의하여 사용한다면 문제가 없을 것이다.

다. Cloud 이해 및 종류

[그림 1-1]
https://m.post.naver.com/viewer/postView.nhn?volumeNo
=20402540&memberNo=44221567

클라우드는 인터넷을 통해 컴퓨터시스템 환경 및 애플리케이션(프로그램)을 즉시 사용할 수 있게 만들어 준다. 인터넷 기반 기술로 네트워크(인터넷)에 자신이 사용하는 디바이스를 연결하여 애플리케이션을 사용 가능하도록 연결해 주는 컴퓨터 처리기술을 의미한다.

학교에 지원된 클라우드 컴퓨터교실처럼 컴퓨터를 서로 공유하고 인터넷을 통하여 OS를 부팅시켜 사용할 수 있고, 데이터를 다른 장치들과 호환하여 사용하도록 할 수 있다.

클라우드 서비스는 컴퓨터 네트워크, 데이터베이스, 서버, 스토리지, 애플리케이션 등을 어디서나 접근할 수 있도록 되어 있다.

그리고 인터넷 상에 자료를 저장해 두고, 오피스 프로그램이나 필요한 자료를 본인 컴퓨터에 설치하지 않고도 인터넷 접속만을 통하여 언제 어디서나 이용할 수 있는 서비스이다. 이렇게 저장된 자료들은 간단한 조작 및 클릭으로 쉽게 공유하고 전달할 수 있다.

웹에서 제공하는 응용 프로그램의 기능을 이용하여 원하는 작업을 수행할 수 있으며, 여러 사람이 동시에 문서를 공유하면서 작업을 진행할 수도 있다.

대표적인 클라우드 서비스는 크게 IaaS, PaaS, SaaS 등으로 나눈다.

IaaS는 amazon aws와 MS의 azure 등이 대표적이고 PaaS로는 앞서 제시한 아마존 및 MS사의 azure 및 redhat사의 openshift가 대표적이다.

SaaS로는 Workspace용 소프트웨어와 데이터베이스에 대한 접근 권한이 있다.

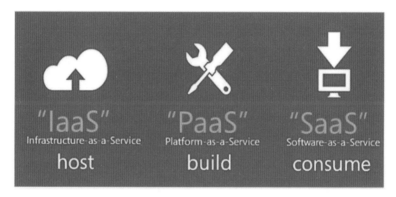

[그림 1-2]
https://lh3.googleusercontent.com/proxy/fcyMytmel_TDasu-sYXAM
cHEKLoLrSIU8I_KzaDU9_mn3S2CXJl8ae-I7NhzgwPbNX0dhzHY_e920
PFYoM_OpQsmg84GkeC2YONt330otr5cmEzmpVlNwOFnfQU7TrRNM
WPsrCa3YR23NQvk vab5g1bHOzXFQ

SaaS방식은 클라우드 제공자는 응용 프로그램을 실행하는 인프라스트럭처와 플랫폼을 관리하기에 중앙 관리되는 애플리케이션들을 통해 사용자가 새로운 소프트웨어를 설치하지 않고도 업데이트를 출시할 수 있다. 즉 Google과 관리자를 통하여 Workspace 사용자들의 업데이트 된 플랫폼과 기능혜택을 받을 수 있다.

현재 많은 Workspace 관련 자료는 확보되어 있으나 관리자 입장에서 더 향상된 Workspace 기능을 추가 활용하는 방법을 본 교재에서는 공유하고자 한다.

Workspace 기초

Part 2
Workspace 기초

가. Workspace의 특징과 Workspace의 종류

1) Workspace의 특징

가) 문서, 스프레드시트 및 프레젠테이션을 실시간으로 공동 편집한다.

실시간으로 현재 내 문서 작업을 하면서 손쉽게 연결하고 공동 작업을 할 수 있고 Google Meet은 학생과 교사를 연결하여 어디서나 가르치고 배울 수 있다. 문서, 시트 및 슬라이드를 사용하여 실시간으로 공동 작성 및 편집 할 수 있다.

[그림 2-1] https://www.gstatic.com/edu/gsuite/Collaborate.mp4

나) 이메일, 채팅 및 비디오로 강의실을 연결할 수 있다. 강의실 및 과제물을 통해 강의를 쉽게 만들고 구성 할 수 있다. 수행평가를 투명하게 등급 매길 수 있으며 퀴즈를 쉽게 만들 수 있는 양식이 제공 된다.

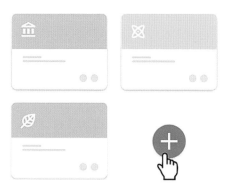

[그림 2-2] https://www.gstatic.com/edu/gsuite/Manage.mp4

다) 수업을 만들고 과제를 정하고 퀴즈를 풀며 시간을 절약 할 수 있다.

라) 할 일 목록을 작성하고, 작업 미리 알림을 작성하고, 모임을 예약한다.

마) Workspace는 종류별로 가격과 제공용량, 기능에 차이가 있다.

바) 교육용으로 제공하는 Workspace for Education은 Workspace for Business 버전 중의 하나로 무료로 신청하여 사용가능하다.

[그림 2-3] Workspace 시작화면(https://workspace.google.co.kr/intl/ko)

사) Workspace 학습센터

① Workspace의 다양한 제품에 대해서 체계적으로 학습할 수 있는 프로그램을 운영

② 7단계로 시작하기

③ 제품별 학습, 도움말 모음, 업무에 활용, 다양한 동영상이 제공되어 기초적인 활용방법 학습이 필요할 경우 다음 사이트에서 활용하면 된다.

[그림 2-4] https://support.google.com/a/users#topic=9393003

2) Workspace의 종류

가) Gmail

Gmail(2004년 출시)은 e-mail 서비스로, 계정당 15 GB 이상 무료 POP3 (Post Office Protocol 3 : 다방향 수신프로토콜)와 웹메일 서비스(IMAP : 양방향 메일서버 공유 프로토콜)를 지원한다.

Gmail은 이메일의 내용을 분석하여 유형에 따라 자동 분류하고 사용자의 필요에 따라 라벨을 지정하면 더욱 효율적으로 이메일을 관리할 수 있다. '대화 형식으로 보기'라는 기능을 제공하고 있다.

초등학교에서는 메일계정이 없는 경우가 많은데 학생들에게 일괄 발급하고 학습 웹 어플리케이션에 가입하도록 하여 활용할 수 있다.

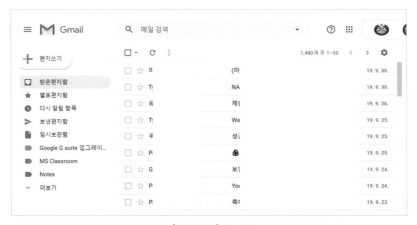

[그림 2-5] Gmail

나) 주소록

라벨 기능을 제공하므로 연락처를 그룹화 하여 관리가 가능하다. 스마트 기기와 동기화하여 한 번의 작업으로 모든 동기화된 장치에서 최신의 정보를 사용한다.

연락처는 정보와 함께 여러 카테고리로 별도 관리가 가능하다. 광범위한 검색 기능을 갖고 있으며 연락처 변경 사항이 자동으로 저장된다. 또한 지난 30일 내의 시간에서 전체 데이터베이스를 복원하는 기능이 있으며 중복을 쉽게 찾아 병합하여 관리가 가능하다. 다른 Google 제품과 통합하여 사용이 가능하며 모바일 기종에 관계없이 주소록 관리가 가능하다.

[그림 2-6] 주소록

다) 드라이브

Workspace에서 작성한 모든 문서는 드라이브에 저장되어 최근에 작업파일 또는 자주 사용하는 문서에 손쉽게 접근할 수 있다. 오피스/한글 등으로 작성한 문서, 이미지/동영상 등 모든 문서 및 파일을 드라이브에 안전하게 보관하고 다른 스마트 기기에서 자유롭게 이용할 수 있다. 검색 기능을 제공하여 원하는 문서를 빠른 시간에 찾을 수 있으며, 무제한 저장 공간을 제공한다.

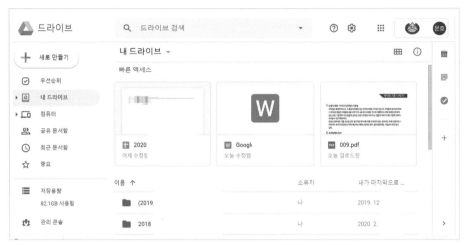

[그림 2-7] 드라이브

라) 캘린더

학사일정, 개인약속, 기념일 등 일정을 관리하고 공유할 수 있다. 필요에 따라 다른 사용자를 일정에 초대할 수 있으며 중요한 일정은 스마트폰과 연동되어 미리 알람을 해 준다.

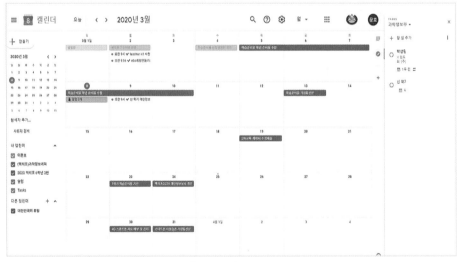

[그림 2-8] 캘린더

마) 문서

문서는 응용프로그램 설치 필요 없이 브라우저에서 문서를 작성할 수 있는 도구다. 공동 작업 기능을 통해 다른 사람과 협업하여 문서를 작성할 수 있고 문서의 변경 내용에 대한 히스토리를 조회할 수 있다. PC나 스마트기기가 있으면 언제 어디서든 원하는 문서를 즉시 열람하거나 편집할 수 있다.

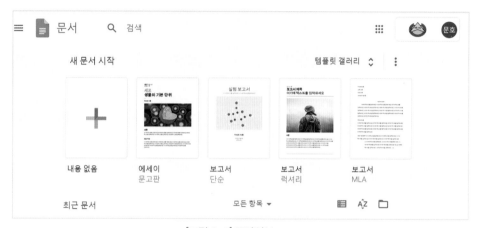

[그림 2-9] 드라이브

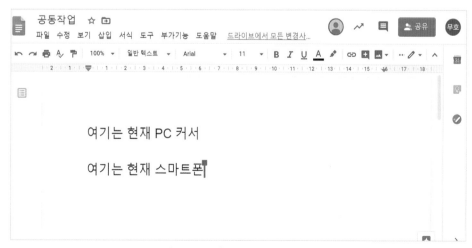

[그림 2-10] 문서 공동작업

바) 스프레드 시트

복잡한 데이터 연산 및 표 작성을 웹에서 편리하게 활용

엑셀과 같이 수식사용, 표 생성, 차트 삽입 등을 할 수 있으며 다른 사람과도 쉽게 공유

[그림 2-11] 스프레드 시트

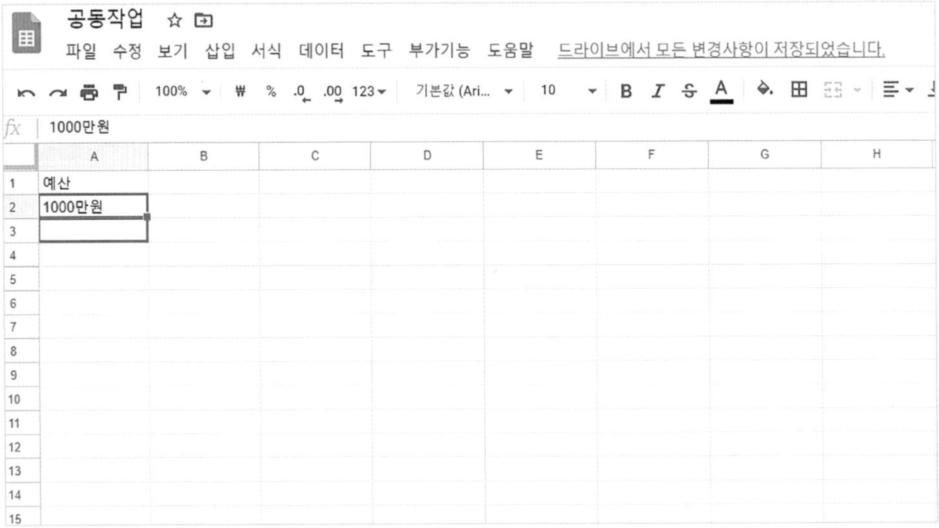

[그림 2-12] 스프레드 시트 공동작업

사) 프레젠테이션

파워포인트와 같이 애니메이션 효과 등을 사용한 멋진 발표 자료를 간편하게 작성할 수 있다. 다양한 도형이나 표 등도 쉽게 삽입 가능하며 이미지도 Google 검색을 통해 간편하게 슬라이드에 삽입할 수 있다. 필요에 따라 인터넷에 슬라이드를 게시하여 공유할 수 있다.

[그림 2-13] 프레젠테이션

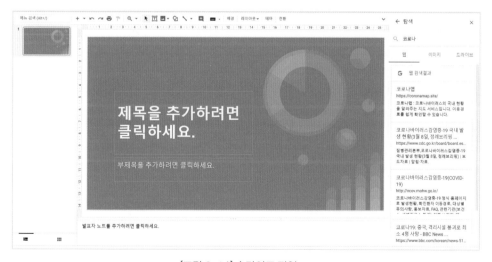

[그림 2-14] 슬라이드 작업

아) 사이트 도구

홈페이지를 만들 수 있는 도구

웹페이지에 Google 문서, 캘린더, 지도, 파일 등 다양한 자료를 게시할 수 있으며 기본으로 제공하는 템플릿을 사용하여 간편하고 보기 좋은 홈페이지를 쉽게 만들 수 있다. 반응형 웹페이지를 지원하여 각 기기에 맞는 레이아웃으로 자동 변환하기 때문에 별도의 모바일 페이지를 구축하지 않아도 된다.

[그림 2-15] 사이트 도구

[그림 2-16] 사이트 도구 작업

자) 설문지(Form)

온라인 폼을 통해 설문조사, 의견수렴, 자료제출 및 취합 등 다양한 용도로 활용할 수 있다. 응답을 받고자 하는 대상자들에게 URL만 전송하면 별도의 프로그램을 설치할 필요 없이 정해진 폼에 입력하는 것으로 응답이 조사자에게 전송된다. 조사자는 응답 현황을 실시간으로 확인할 수 있으며 첨부된 파일 등도 구글 드라이브에서 열람할 수 있다.

설문지에 퀴즈 기능이 추가되어 간단한 시험을 볼 수 있고, Google 클래스룸에서 사용하면 성적도 연동할 수 있다.

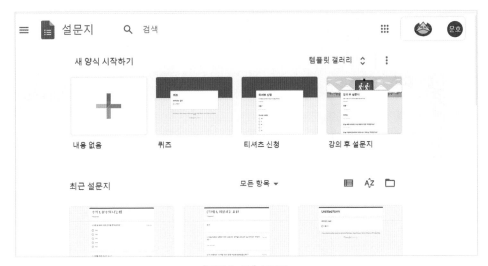

[그림 2-17] 설문지

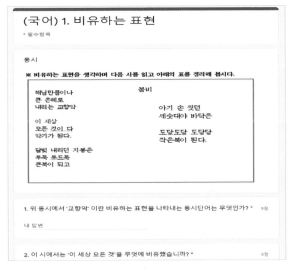

[그림 2-18] 설문지 문제

차) 행아웃

원래 Google+의 기능인 행아웃은 2013년에 Google+ 메신저 및 Google 토크의 기능을 행아웃에 통합하기 시작한 독립형 제품이었다. 2017년 Google은 행아웃을 개발하기 시작했고 Google Meet, Google Chat로 구성된다. 텍스트 메시지 전송 및 음성/영상 대화를 지원한다. 스마트 기기 및 PC로 이동 중 즉석회의, 원격 교육 및 인터뷰 등을 할 수 있다. 대화 중 PC화면을 다른 사람에게 공유할 수 있으며 대화가 진행 중이더라도 언제든지 다른 사용자를 추가하여 다자간 대화를 할 수 있다. 데스크톱 및 스마트기기 앱에서 대화할 수 있다.

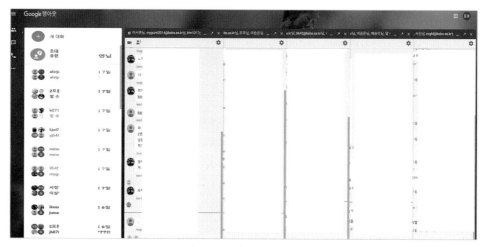

[그림 2-19] 행아웃

카) Keep

2013년 개발한 메모 프로그램으로 갑자기 떠오른 아이디어나 온라인에서 찾은 정보를 저장하고, 수행해야 하는 작업의 목록을 가상 스티커 메모지에 기록할 수 있다. Keep은 기억해야 할 모든 것에 대한 간단한 메모를 작성하는 훌륭한 도구다.

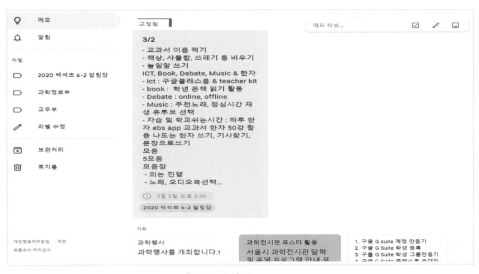

[그림 2-20] Keep

타) Google 클래스룸

선생님과 학생의 커뮤니케이션 도구이면서 동시에 학습 관리를 할 수 있다. 교사는 수업을 개설할 수 있고 학생을 초대하여 수업에 참가할 수 있게 한다. 수업 과정에 따라 공지/과제/질문 등을 작성하여 학생들에게 공유할 수 있고 과제 제출 및 질의/응답 현황을 실시간으로 관리할 수 있다.

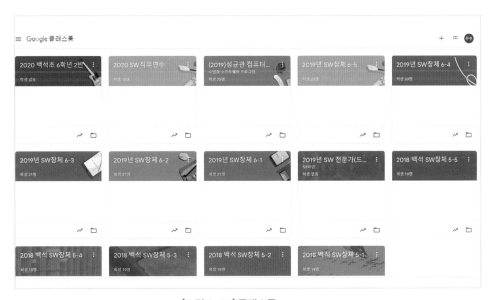

[그림 2-21] 클래스룸

파) 포토

Google 계정과 연동된 모든 장비와 동기화되어 스마트폰으로 촬영한 사진 또는 PC에 저장되어 있는 사진을 업로드 하여 관리할 수 있다. 얼굴인식, 사물인식을 지원하여 사람, 사물에 대한 검색이 가능하다. 위치 태그가 기록되어 있는 사진의 경우 장소별로 검색할 수도 있다.

[그림 2-22] 포토

하) Google Meet

비디오 통신 서비스인 Meet는 최대 30 명의 참가자를 위한 화상 회의 앱으로, 웹 앱, Android 앱 및 iOS 앱을 모두 지원하는 것이 특징이다. 최대 250명까지도 확장 가능하며 전화 접속 번호로 회의에 전화하는 기능이 있고 캘린더와 통합이 된다.

문서, 스프레드시트, 슬라이드 화면을 공유할 수 있으며 음성인식 기반으로 실시간 자막 기능을 갖추었다.

Workspace for Education을 사용하는 모든 사람에게 엔터프라이즈 계정이 필요한 Google Meet의 고급 기능을 제공하며 Google Meet는 비디오, 오디오 및 데이터 트랜스 코딩에 단독 프로토콜을 사용한다.

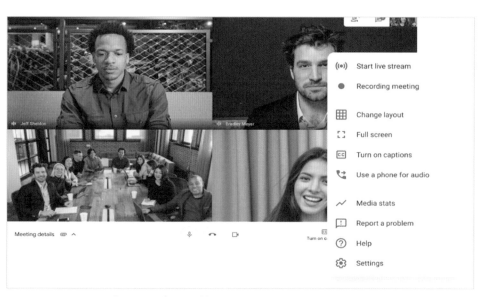

[그림 2-23] https://apps.google.com/intl/ko/meet/

거) 어스

구글이 제공하는 서비스로 위성 이미지, 지도, 지형 및 3D 건물 정보 등 전 세계의 지역 정보를 제공한다. 세계의 여러 지역들을 볼 수 있는 위성 영상 지도 서비스다. 2005년 6월부터 배포하기 시작했다.

기본적으로 지구 전역은 'Earthsat'사의 위성사진을 이용하고, 미 해군, NGA, GEBCO 등의 해양 자료로 Google 오션기능을 제공하고, '스트리트 뷰' 기능, 행성과 성좌를 관찰할 수 있는 '스카이' 기능을 제공하고 있다.

[그림 2-24] 어스

너) 지도

구글에서 제공하는 지도 서비스로 위성사진, 스트리트 뷰, 360° 거리 파노라마 뷰, 실시간 교통 상황 (Google 트래픽), 그리고 도보, 자동차, 대중교통의 경로를 제공한다.

[그림 2-25] 지도

더) Google 뉴스

구글이 제공하고 운영하는 무료 뉴스 헤드라인을 직접 모아놓은 웹사이트인 애그리게이터이다. 자동 집계 알고리즘에 의해 수천 곳의 발행사로부터 최신의 정보를 선별한다. 2002년 9월 처음 시작 하였다.

[그림 2-26] Google 뉴스

러) 그룹스

인터넷 포럼형태인 Google의 한 서비스로 Google 그룹스에 가입하는 데 비용이 들지 않으며 Workspace내에서는 그룹별 별도 전자 메일을 통하여 그룹에 등록된 학생들에게 단체 메일을 보내는 등 활동을 할 수 있다.

[그림 2-27] 그룹스

3) 구글 드라이브 파일 스트림

[그림 2-28]
https://img1.daumcdn.net/thumb/R800x0/?scode=mtistory2&fname=https%3A
%2F%2Ft1.daumcdn.net%2Fcfile%2Ftistory%2F9936A4415C7D66E003

드라이브 파일 스트림을 사용하면 드라이브 파일을 클라우드에서 Mac 또
는 PC로 직접 스트리밍 할 수 있으므로 여유 디스크 공간과 네트워크 대역
폭을 확보할 수 있다. 드라이브 파일은 클라우드에 저장되기 때문에 관리자
나 공동작업자가 변경한 모든 내용이 어디서나 자동으로 업데이트된다. 따
라서 항상 최신 버전을 사용하게 된다.

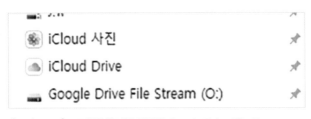

[그림 2-29] PC내 탐색기에 설치된 Google Drive File Stream

또한 드라이브 파일을 오프라인에서 액세스하여 사용할 수 있다. 이렇게 캐
시 된 파일은 온라인 상태일 때 클라우드에 다시 동기화되어 모든 기기에서
최신 버전을 사용할 수 있다.
(구글 드라이브 파일 스트림으로 컴퓨터에서 업무용 또는 학교용 파일 사
용하기)

나. Google service 기초

1) 본인 학교 계정으로 Workspace 신청하기

▶ Workspace 신청 자격 요건

(1) 신청완료기간 : 특정 조직이 Workspace for Education을 사용할 자격
이 있는지는 Google이 결정하며 신청을 처리하는 데에는 약 2주가 소요

(2) 신청방법 : 초중고교(K-12), 고등교육기관, 홈스쿨 조합은 특정 기준
을 충족하는 경우 Workspace for Education을 신청하는 기관에서 직
접 신청서를 제출

(3) 신청조건
　(가) 초중고교(K-12) 및 고등교육기관
　(나) 인증된 비영리 기관
　(다) 정부가 인정한 공인 교육기관으로서 초중고교 및 고등교육기관 수
　　　준의 국내 또는 국제 인증서를 발급하는 기관
　(라) 홈스쿨은 공인 홈스쿨 기관에서 인증
　(마) 위 조건을 증명할 수 있는 추가 서류가 필요할 수 있음

(4) Workspace for Education 사용 자격이 없는 기관
　(가) 사관학교 또는 공공 도서관 등 국가 또는 지방 정부로부터 교육 및
　　　운영 자금을 지원받는 조직인 경우 Workspace Business 선택
　(나) 기타 등록된 비영리 조직은 비영리단체용 Workspace의 사용 자격
　　　이 있을 수 있어 관련 사항은 직접 문의 필요

2) Workspace for Education 승인 요청하기

(1) Workspace for Education 가입 페이지로 이동 후 다음 선택

[그림 2-30] Workspace for Education 가입사이트

(2) 양식에 세부정보를 입력합니다.

[그림 2-31] 교육기관 정보 입력

(3) 학교 홈페이지 주소와 학생 및 직원 수를 입력한다.

[그림 2-32] 상세 기관 정보

(4) 학교 위치와 전화번호 입력

[그림 2-33] 기관 전화번호

(5) 기관 주소 입력

[그림 2-34] 기관 주소 입력

(6) Workspace 관리자인 교사 정보를 입력한다. Workspace 활용 승인 과정과 승인 후 관리까지 맡아서 할 교사를 선택한다.

[그림 2-35] 담당 관리자 연락처 정보 입력

(7) 기관(학교)에서 도메인 소유여부 확인, 학교 홈페이지를 운영하고 있는 경우 모두 도메인이 존재함

[그림 2-36] 도메인 소유 확인

도메인이 없는(학교 홈페이지 운영하지 않거나, 별도 DNS를 사용하여 Workspace를 운영하지 않을) 경우 Google에서 도메인을 찾고 매년 도메인 사용 값을 지불하여 획득 가능하다.

Workspace를 활용하기 위한 DNS 활용 세팅이 자동화 된다.

단지 아래와 같이 검색된 결과익 도메인 이름만 사용가능하다.

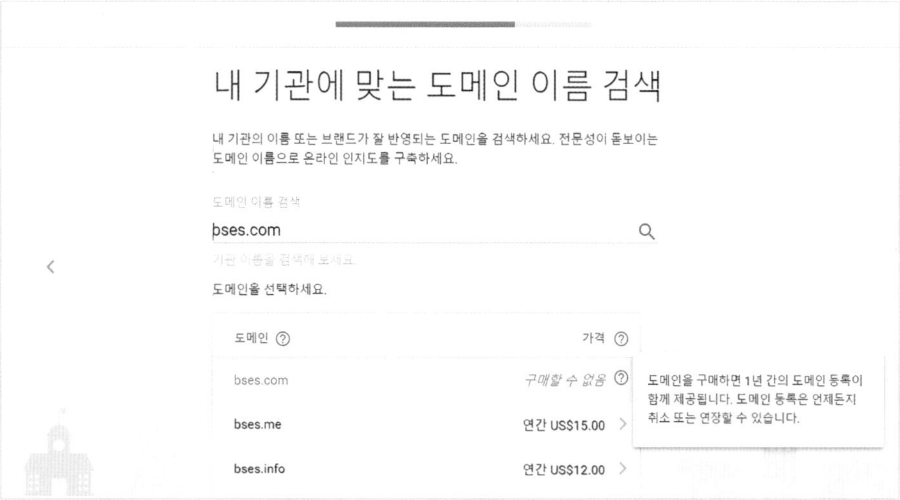

내 기관에 맞는 도메인 이름 검색

내 기관의 이름 또는 브랜드가 잘 반영되는 도메인을 검색하세요. 전문성이 돋보이는 도메인 이름으로 온라인 인지도를 구축하세요.

도메인 이름 검색

bses.com

기관 이름을 검색해 보세요.

도메인을 선택하세요.

도메인 ⑦	가격 ⑦
bses.com	*구매할 수 없음*
bses.me	연간 US$15.00
bses.info	연간 US$12.00

도메인을 구매하면 1년 간의 도메인 등록이 함께 제공됩니다. 도메인 등록은 언제든지 취소 또는 연장할 수 있습니다.

[그림 2-37] 도메인 없을 경우 신청하기

(8) 기관의 도메인 이름 적어 승인절차에 Workspace for Education을 쓸 수 있는지 확인한다.

[그림 2-38] 도메인 이름(학교 홈페이지 주소) 넣기

(9) 한 번 더 도메인 사용에 대한 확인을 한다.

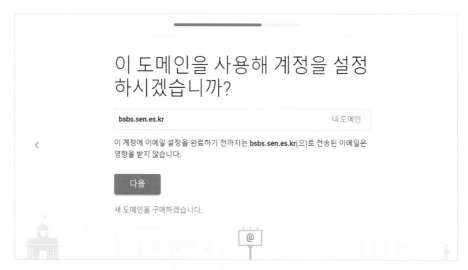

[그림 2-39] 도메인 확인

(10) 로그인 방법을 문의하는데 여기서는 관리자인 교사 ID와 비번을 생성 한다. 심사과정에서 임시로 사용하기도 하고 승인이후 관리 책임자의 역할을 할 교사를 지정한다.

로그인 방법

사용자 이름을 사용하여 관리자 계정에 로그인합니다. ⑦

사용자 이름
yio000   @bsbs.sen.es.kr

비밀번호
●●●●●●●●   ⌀
8자 이상

다음

[그림 2-40] 도메인 관리자 로그인 ID 및 비밀번호 설정

(11) Google에 Workspace를 사용하면서 아이디어 보내기 여부 선택 후 진행, 구글은 수시로 메뉴와 서비스 등이 개선되고 있어 확인을 선택 하는 것이 좋다

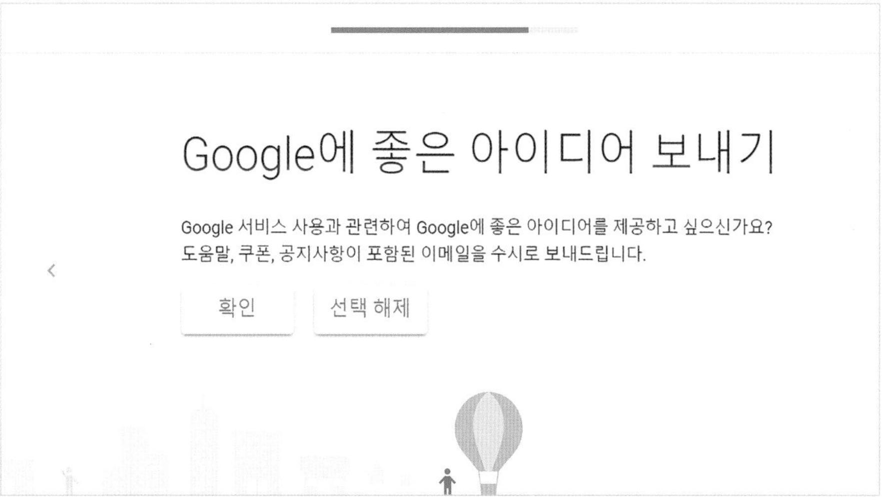

Google에 좋은 아이디어 보내기

Google 서비스 사용과 관련하여 Google에 좋은 아이디어를 제공하고 싶으신가요?
도움말, 쿠폰, 공지사항이 포함된 이메일을 수시로 보내드립니다.

확인   선택 해제

[그림 2-41] Google 아이디어 참여

(12) 교육용 Workspace 학교 동의서를 읽어보고 동의 및 계속하기 선택

[그림 2-42] 교육용 Workspace 학교 동의서

(13) 정상적인 신청자 확인을 위한 절차를 진행하고 [동의 및 계속하기] 선택

[그림 2-43] Workspace 계정 생성 동의

(14) Workspace for Education 14일 평가판이 시작됨

[그림 2-44] Workspace 평가판 시작

(15) 평가판에 로그인하도록 이동

[그림 2-45] 처음 로그인하기

(16) 본인 확인 코드 받고 본인 전화로 G-****** 6자리 인증코드를 확인 하고 인증 코드6자리 입력하기

[그림 2-46] 인증 코드 받기   [그림 2-47] 인증코드 입력

(17) 마지막 단계인 새 계정 시작 화면에서 동의를 하기

[그림 2-48] 사용자 계정 시작

(18) (임시사용) Workspace에 로그인 된다.

[그림 2-49] Workspace 로그인 후 관리 콘솔 화면

3) Workspace 첫 로그인 후 설정작업

가) DNS 계정 확인(도메인 이름 소유권 확인하기 - 5분소요)

[그림 2-50] Workspace 설정 마무리

(1) (1단계) 도메인 확인 절차 계속

(2) (2단계) 본인학교 도메인에 대한 소유권(본교 도메인이 본교 학교 것인지 확인 절차)에 대한 확인 코드를 본인 학교 주소를 관리하는 도메인 업체에 TXT레코드 값을 추가하는 작업이 필요, DNS 관리업체(본인 학교 홈페이지 주소를 관리하는 업체 또는 외부업체일 경우 홈페이지 관리자에게 문의)에 확인하고, 국공립의 경우 학교 홈페이지를 관리하는 교육청 산하 DNS관리 기관에 문의한다.

[그림 2-51] 도메인 관리 업체

(3) 도메인 확인이 완료되면 다음 단계 진행이 가능하다.(1시간 정도소요)

(4) 사용자 추가 단계와 Gmail 활성화를 거치면 최종완료.

다. Google Jamboard 활용

1) 잼보드(Jamboard) 란

잼보드는 처음 구글이 수업활동 Display 목적으로 만든 하드웨어다. Google Cloud 기반 잼보드 앱은 학생의 공동 작업과 참여가 가능하도록 Google App 형태로 제공하고 있다. 수업 중 자유토론이나 메모를 활용한 모둠별 활동에 활용되는 것으로 Google 클래스룸과 연계하여 제시가능하다. 학생은 태블릿으로 다양한 편집 도구를 활용하여 다른 학생이나 선생님과 공동으로 작업할 수 있다. 웹 브라우저에서도 액세스가 가능하다.

잼보드 앱을 사용하면 나와 팀원이 만든 Jam을 탐색하고 보고 공유할 수 있고, 서로 멀리 떨어진 팀원들이 아이디어를 그려보고 클라우드에 저장하여 어느 기기에서나 액세스할 수 있는 디지털 화이트보드이다.

[그림 2-52]
https://1.bp.blogspot.com/-MsFFUFn-q8I/XUxKMJEoSfI/AAAAAAAAILI/kqXdHoD0zQkRcCxyRrt19V8t
Pr9kkyhIACLcBGAs/s640/Project%2Bplanning%2Bjam%2B-%2BGoogle%2BJamboard%2B%25281
%2529.gif

2) 잼보드 실행

가) Google App 중 Jamboard 첫 화면을 실행한다.

[그림 2-53] Google 잼보드 실행

나) Jam 추가하기(수업활동 페이지 추가)

토론활동을 위해 제목을 쓰고 학습활동에 대한 활동을 계획한다.

다) Jam에 활동 해보기

1) 글씨쓰기

   (가) 굵기 : 펜, 마커, 형광펜, 브러시 선택

   (나) 색깔 :6가지 색상 중 선택

2) 지우기

   (가) 부분 지우기 : 보드에 그려진 일부 내용을 지울 경우

   (나) 전체 지우기(프레임 지우기) : 화면 상단메뉴에서 보드에 그려진 전체 내용 지우기

[그림 2-54] 상단메뉴의 프레임 지우기

3) 선택 : 그려진 개체를 선택하기

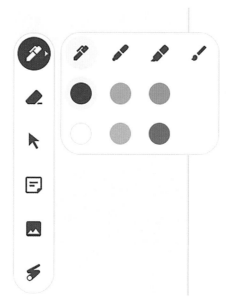

[그림 2-55] 그리기 굵기 및 색상 선택

[그림 2-56] 개체 선택

4) 스티커 메모(Ctrl + Shift + P) : 스티커에 개인 의견을 적어 표시하거나 제목을 붙인다.

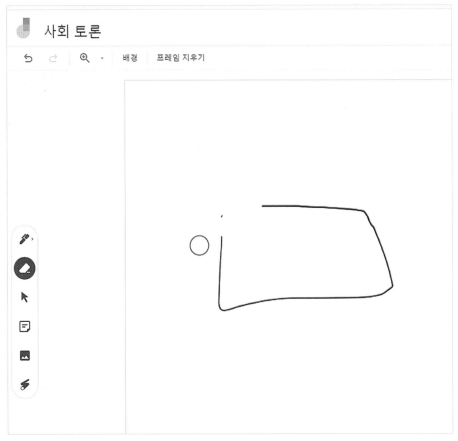

[그림 2-57] 보드의 일부 내용 지우기

5) 이미지 추가 : PC업로드나 Google 이미지 검색, 구글 드라이브 사진에서 관련 자료를 검색하여 추가

6) 레이저 : 현재 보드 내용에 있는 그림(객체)들을 가리킬 경우 붉은색 레이저가 마우스 움직임에 따라 나타난다.

라) 상단메뉴

[그림 2-58] 스티커 메모

[그림 2-59] 이미지 추가

[그림 2-60] 잼보드 상단 메뉴

1) Undo/Redo : 보드 활동에 대한 이전 / 이후 동작 적용

2) 화면 확대 : 현재 작업 보드 화면을 확대 혹은 축소

3) 배경 : 7가지 종류 작업보드 배경 화면 선택

[그림 2-61] 레이저

[그림 2-62] 화면 확대 축소

[그림 2-63] 배경선택

4) 프레임 지우기 : 현재 작업 중인 화면 지우기

5) 새 프레임 :현재 작업 중인 화면에서 새로운 화면(새로운 온라인 주소 생성됨) 모둠별, 반별 수업활동 구성

[그림 2-64] 새로운 프레임 만들기

6) 기타 점 메뉴

[그림 2-65] 점 메뉴

(가) 이름 변경 : 현재 보드 제목을 변경한다.

(나) PDF로 다운로드 : 현재 화면을 PDF로 저장

(다) 프레임을 이미지로 저장 : 작업 중인 보드를 이미지로 저장

[그림 2-66] 이름 변경

[그림 2-67] 현재 보드 PDF로 다운로드

[그림 2-68] 작업 중인 보드 이미지로 PC에 저장

3) 잼보드 공유

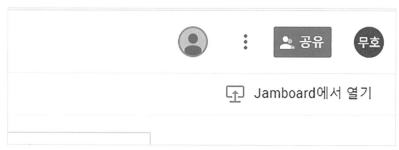

[그림 2-69] 잼보드 공유하기

(가) (교사)현재 작업 보드 공유하기 : 다른 파일 공유와 같은 방법으로 공유
자 메일 권한설정. 이메일알림 보내기 선택하여 공유함

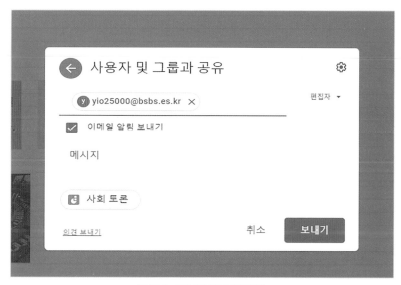

[그림 2-70] 잼보드 공유하기

(나) (학생) 내 드라이브에서 공유된 잼보드 확인하여 참여하기

4) 잼보드 아이패드 활용

가) 아이패드 고유기능 (그리기 지원 기능)

[그림 2-71] Google 내 드라이브에 공유된 잼보드

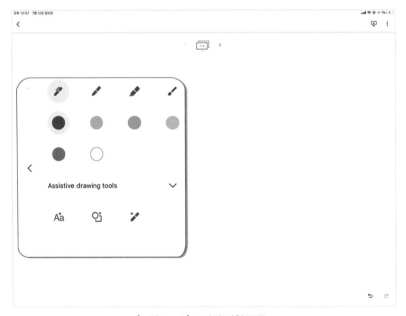

[그림 2-72] 그리기 지원 도구

1) 글자 인식 : 필기체 인식을 하여 정확한 글자로 고쳐 보여줌(영문만 지원)

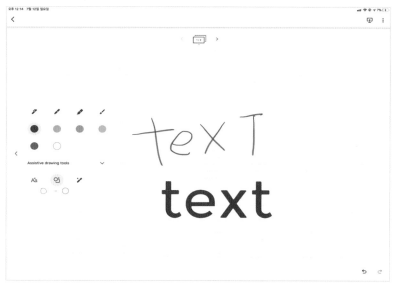

[그림 2-73] 아이패드의 필기체와 필기체 인식 후 정자체로 표현비교

2) 도형 인식 : 비슷한 도형을 그리면 정확한 도형으로 표현
3) 유사 이미지 인식 : 투박한 그림을 그리면 유사한 그림을 보여주고
　　선택 가능

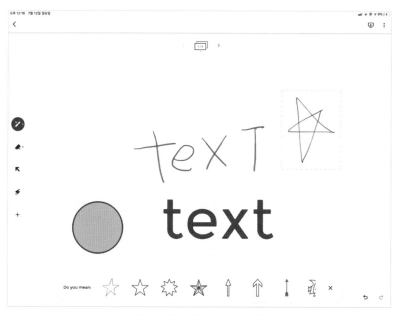

[그림 2-74] 도형과 유사 이미지 인식

4) 스티키 노트 : PC의 스티커와 같은 역할

[그림 2-75] 스티키 노트 및 관련 메뉴

5) 스티커 : 이모티콘과 유사한 간단한 이미지 표현가능

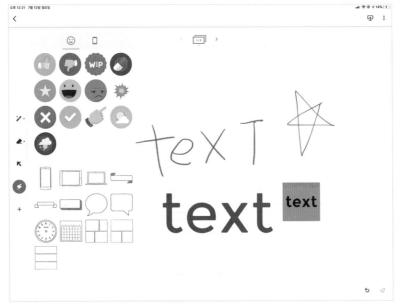

[그림 2-76] 스티커 활용

라. Workspace 사용 대상 및 활용 목적

1) 대상 : 교사, 학생 / 목적 : 수업활용

가) 구글 사용자 계정 발급 대상 : 교사, 학생 모두 발급

나) 그룹 : 교사는 클래스룸 선생님으로 승인 필요, 학생은 사용자 계정만 발급(교사와 학생의 클래스룸 개설 권한이 달라 교사는 클래스룸 선생님 그룹으로 승인 필요)

[그림 2-77] 교사 그룹에 등록된 선생님

다) 조직 : 교사 조직과 학생 조직으로 분리하여 관리, 매년 바뀌는 교사와 학생은 학교별 나름 정책에 따라 관리 필요함

[그림 2-78] 조직에서 관리 되는 사용자

라) 사용자 권한 부여 : 교사는 학생별 클래스룸 관리가 필요하므로 참여하는 교사에게 학급별 학생들 관리를 할 수 있는 권한을 부여하고,

관리자 교사가 관리콘솔/조직/사용자/대상자선택/관리자 역할 및 권한에서 관련 권한 부여 가능

학급별 교사에게 권한은 '사용자 관리 관리자' 권한을 부여하고 역할 범위에서 해당 역할의 관리 범위는 조직도에서 그 범위를 정한다.

[그림 2-79] 사용자 권한 설정

2) 대상 : 학교 교직원 / 목적 : 업무활용

가) 구글 사용자 발급 대상 : 교직원

나) 그룹 : 수업활용 목적이 아닐 경우 편의상 학년별 그룹, 직원별 그룹형태로 구성 가능

다) 조직 : 별도의 조직을 구성하여 활용 가능

마. Workspace 사용자 계정 만들기

1) Workspace 사용 대상자 설정

가) 관리자가 대상 확인하기 : 교사와 학생

나) 그룹 : 교사 그룹에 가입한 사용자 등록 준비하기

다) 교사 및 학생 계정 구분(교사는 ID@학교계정.es.kr)

　　실제 존재하는 학교 홈페이지 DNS로 활용

라) Workspace 관리자 로그인/구글 앱에서 관리 선택

[그림 2-80] 구글 관리 메뉴

마) 관리 콘솔 메뉴/사용자 선택

[그림 2-81] 구글 사용자 관리 콘솔에서 사용자

2) 계정 만들기

가) 조직 만들기

- 예제 : 학교/년도/부서(or반별)
- 목적 : 학교에서 쓸 계층적 구성을 계획한 뒤 서브디렉터리를 만들어 나감
  ※ 사용자 일괄 등록 시 디렉터리 경로에 따라 업로드 됨에 유의
- 과정 : Google 클래스룸을 사용할 교사/학생 사용자 등록

(1) 왼쪽 '모든 조직'에서 새로운 조직(클래스) 구성하기(조직단위 관리 클릭)

[그림 2-82] 조직 설정

(2) 조직 단위 관리 이동 후 왼쪽 상단 노란색 + 클릭 후 '새 조직 단위 만들기' 창에 조직이름과 상위 조직 입력 후 만들기 선택

[그림 2-83] 새 조직 만들기

(3) 왼쪽 상단 ▦ 메뉴에서 홈/사용자 선택하여 이동하여 왼쪽 조직에서 만들어진 조직을 선택하기

[그림 2-84] 조직 선택하기

(4) 선택한 조직에 사용자를 등록하기 위해 오른쪽 상단 메뉴에 "새 사용자 추..." 선택 후 교사나 학생들을 등록한다.

※ 등록방법은 2가지
    - 새 사용자 추가(개별등록)
    - 사용자 일괄 업로드(여러 명 엑셀의 CSV템플릿 파일이 양식에 맞게 4가지(이름, 성, iD(@bsbs.es.kr), 비번(8자리)) 정보를 입력 후 등록)

※ 계정발급원칙
    (비밀번호는 일괄 동일하게 구성 후 로그인 확인 된 후 모두 변경)
    - ID 개별, 비밀번호 개별 : 보안성 높으나, 관리 불편(비번 잊음)
    - ID 공통개별, 비밀번호 개별 : 보안성 낮으나, 관리용이(반드시 비번 변경 필요)

(5) 개별 등록 방법(성/이름/ID/비번8자리) 필수 입력 하고 새 사용자 추가
선택

[그림 2-85] 개별등록절차 1
(새 사용자 추가)

[그림 2-86] 개별 등록 절차 2
(새 사용자 추가)

(6) 사용자 일괄 업로드 방법(여러 명 한 번에 등록)

　　(가) 상단 메뉴에서 사용자 일괄 업로드를 선택

　　(나) 팝업 창이 열리고 아래쪽 문장에서 빈 CSV 템플릿 파일을 다운로
　　　　드한다.

　　　　※ CSV(영어: comma-separated values)는 몇 가지 필드를 쉼표
　　　　　　(,)로 구분한 텍스트 데이터 및 텍스트 파일입니다. (메모장에서
　　　　　　읽혀짐)

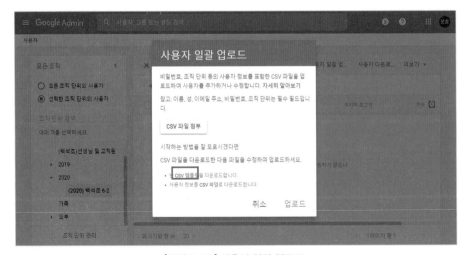

[그림 2-87] 사용자 일괄 업로드

(다) 다운로드한 CSV 템플릿 파일을 엑셀에서 연다.

[그림 2-88] 일괄 등록을 위한 템플릿 엑셀파일

(라) 여러 셀 중 앞에서 5가지 셀만 반드시 data를 입력 후 저장한다.
    (다시 업로드를 위해 저장한 위치 잘 기억한다)

[그림 2-89] 일괄 등록 엑셀 파일 데이터 입력

(2명 동해물/백두산 학생 입력/ ID@bsbs.es.kr 비번:12345678, 조
직경로: /2020/tcst)

- First name : 이름(성 이름)
- Last name : 성(번호)
- Email Address : ID@bsbs.es.kr
  (@이후는 학교 Workspace 계정으로 동일 함)
- Password : 8자리
- Org Unit Path : 조직 경로(/시작) 하위조직 지원
  ⇒ Workspace에서 만든 조직구성에 따라 만들어진 각반이나 부
    서별 조직 이름 명을 잘 기억한다.

예) 2020/test

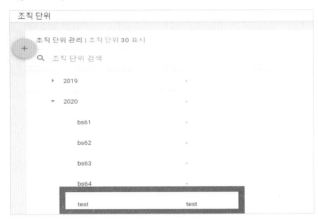

[그림 2-90] Workspace 조직 구성도

(마) MS 윈도우의 엑셀에서 CSV파일로 저장하면 표준 인코딩인 유니
코드로 저장된다. 하지만 Google 사용자 등록은 UTF-8방식으로
저장된 한글파일이 필요하다. 그러므로 엑셀에서는 CSV(UTF-8)
로 저장할 수 없다. 그래서 Workspace CSV(UTF-8) 방식으로 저
장하기 위해 같은 과정(메모장 활용방법)으로 진행하여 저장한다.

① 엑셀에서 CSV(쉼표로 분리)저장을 한다.

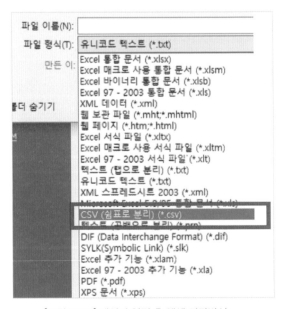

[그림 2-91] 데이터 입력 후 엑셀 저장방식

② 저장한 CSV 파일을 윈도우 메모장에서 열기(메모장에서 모든 파일로 열어야 CSV파일이 보임)

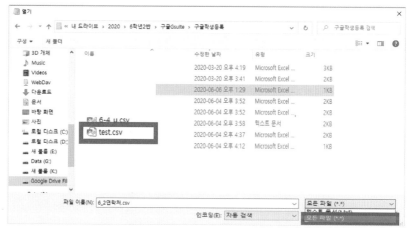

[그림 2-92] CSV파일 메모장으로 열기

③ 모든 파일/인코딩 UTF-8/ 저장하기

다른 이름으로 저장 선택 후 저장 파일형식은 모든 파일(*.*) 인코딩은 UTF-8로 하고 저장한다.

[그림 2-93] 메모장에서 인코딩(UTF-8)방식으로 다시 저장하기

(바) 최종 저장 후 저장한 Workspace 조직에서 사용자를 업로드 할 조직을 먼저 선택한다. 다음 PC에 저장한 CSV 파일을 업로드하기 위해 Google 관리/사용자 일괄 업로드 창에서 'CSV 파일 첨부'를 선택하여 내 PC에 저장된 CSV파일을 선택한다.

[그림 2-94] 최종 CSV파일을 Workspace에서 사용자 일괄 업로드 방식을 위해 CSV 파일 첨부

(사) CSV파일 확인 창이 열리면 업로드를 선택한다. 에러날 경우(비어 있는 데이터 입력) 정상적으로 업로드 되면 작업 진행 상황 보여주고 완료되면 "사용자 정보 일괄 업로드를 완료했습니다" 메세지가 나온다.

[그림 2-95] 사용자 일괄 업로드

[그림 2-96] 사용자 일괄 업로드 진행

[그림 2-97] 사용자 일괄 업로드 완료

(아) reload(F5)를 하고 모든 조직의 사용검색에서 확인하면 사용자가
등록되어 있음을 확인할 수 있다.

[그림 2-98] 업로드 된 일괄 사용자 확인

3) Google service 공유(협업) 기초

가) Google 협업문서 실습

(1) (실습)교사 + 학생 협업
교사와 학생이 모두 PC를 사용하는 컴퓨터실과 같은 환경에서 공유 작
업할 구글 문서를 교사와 학생 공유, 공동 작업하기
(교사,학생) 로그인하기(왼쪽 학생/오른쪽 교사)

[그림 2-99] (교사,학생) Google에 로그인하기

(가) (교사) 공유할 문서를 공유문서 정하기 구글 문서 만들고 공유 작업
할 준비

[그림 2-100] (교사) 공유 문서 만들기

(나) (교사) 공유 문서에서 오른쪽 공유하기(사용자 이름이나 이메일 선
택) 이메일 공유 추천

[그림 2-101] (교사) 학생 사용자 이메일 공유 설정

(다) (교사) 공유할 사람에 대한 권한 설정(뷰어: 참여자는 보기만하기, 댓글 작성자 : 작업 문서에 대한 댓글쓰기 만 부여, 편집자 : 공유 문서에 같이 편집 가능)

[그림 2-102] (교사) 공유할 문서에 공유 대상자 권한 부여

(라) (교사, 학생)교사가 뷰어로 설정했을 경우(교사는 이메일 보내기)

[그림 2-103] (교사)이메일로 공유대상자 보내기

(마) (학생 공유 확인 방법 1) Google Service 중 Gmail에서 공유문서 메일을 확인 후 링크로 이동하기

[그림 2-104] (학생) Gmail에서 교사가 공유한 문서 확인하기

(바) (교사,학생) 교사와 학생이 공유 참여가 되면 오른쪽 위 빨간색 사람아이콘이 참여한 학생만큼 추가 하여 보이고, 뷰어 권한에서는 교사가 작업하는 내용만 확인이 가능하고 학생은 작업 참여가 불가능하다.

(사) (학생 방법) 구글 드라이브에서 공유 문서함에서 교사가 공유한 문서(공유기초 1)를 선택하여 공유에 참여하기

[그림 2-105] (교사,학생) 공유된 문서에 모두 참여하는 사람 확인

(아) (교사)교사는 공유문서에 댓글 권한을 줄 경우, 학생은 공유문서에서 댓글만 작성가능하다.

(자) (학생 공유 확인 방법 2) Google Service 중 구글 드라이브의 공유 문서함에서 공유된 문서 이름확인 후 선택하여 활용

[그림 2-106] 구글 드라이브 공유 문서함에서 공유하기

(차) (학생) 교사가 댓글 기능을 부여하면 기존에 안보이던 댓글 메뉴가 보이고, 문서에는 '제안모드'가 표시되고 댓글 작성이 가능해 진다.

[그림 2-107] (교사) 댓글 작성자 권한 부여

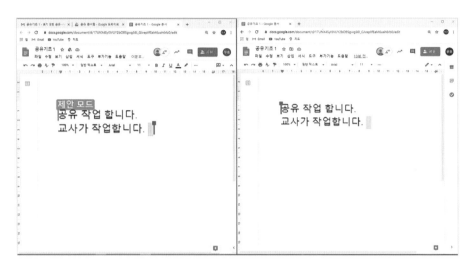

[그림 2-108] (교사) 댓글 작성자 권한 부여 (학생) 제안모드로 활용하여 댓글만 쓰기

(카) (학생) 댓글 작성은 댓글 메뉴에서 알림은 알림메뉴에서 범위를 선
택하여 진행한다.

[그림2-109] (학생) 알림범위 설정

[그림2-110] (학생) 댓글 쓰기

(타) (교사,학생) 학생이나, 교사가 댓글을 쓰게 되면 공유문서에 같이 보인다.

[그림 2-111] (교사,학생) 공유된 사람끼리 댓글 실시간 소통

(파) (교사) 학생에게 편집자 권한을 주면 학생은 문서를 실시간으로 같이 편집할 수 있다.

[그림 2-112] (교사) 편집자 권한 부여

(하) (교사,학생) 교사가 편집자로 설정했을 경우

[그림 2-113] (교사,학생) 공동 편집

(거) 다양한 Device 지원 : 교사는 패드나 PC를 사용하고 학생도 PC 및 패드나 스마트 폰으로도 공유 활동을 할 수 있어 무선네트워크가 지원 되는 교실에서 사용하기 용이하다.

(너) (기타 실습) 교사와 학생의 권한 및 설정이 이해 될 경우 학생과 학생끼리의 실습을 통하여 공유 및 공동 작업의 방법을 익혀 본다.
① 방장과 불러올 사람 정하기(짝 끼리 연습 후 그룹 연습)
② (2명) 짝끼리 연습(방개설자/방참여자 역할 바꿔가며 이해하기)
③ (모둠) 방장이 교사 권한을 갖고 공유방법 실시 및 나머지 모둠원 권한 설정

(2) 학교 학사일정 추가하기

(본교 교사 공유 제한, 학부모나 학생 공유는 별도 정책 고려)

[필요조건]

학교 Workspace 모든 교사 계정 소유, PC or Mobile, Pad 중 최소
1대 보유

(가) 학사일정을 입력할 교사가 자료 확보 후 로그인 후 캘린더로 이동

(나) 캘린더 왼쪽 메뉴에서 '다른 캘린더'에서 '+'를 선택 후 새 캘린더(
    학사일정)만들기 선택

[그림2-114] 캘린더 만들기 1   [그림2-115] 캘린더 만들기 2

(다) '새 캘린더 만들기' 선택 후 학사일정 캘린더에 대한 내용을 기본 입
    력한다.

(라) 기타 응용 방법

　　－ 개인 업무, 담임교사 알림장 활용

　　－ 학교 개별 동호회, 업무 추진 팀 별개 일정 구성

　　－ 공유자 제한 및 선택

　　－ 일정 확인

　　－ 학교 홈페이지 연동(학사일정 캘린더 반영)

나) Keep 활용

(1) 특수부장 활용

(가) 공문 열람 후 공문 내용 요약

(나) Keep 실행 후 제목, 내용 쓰기

(다) 아래 메뉴 중 라벨 변경/ 라벨 이름 입력/소속 부서 이름 입력 후
     왼쪽 메뉴 분류 관리

[그림 2-116] Keep 활용 1

(라) 메모 라벨 이름 짓기

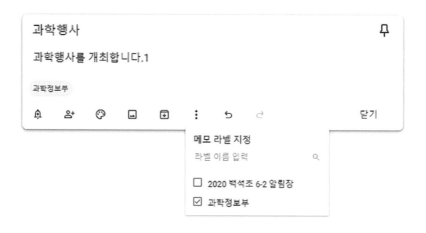

[그림 2-117] Keep 활용 2

(마) '교무부'로 이름 짓기

[그림 2-118] Keep 활용 3

(2) Keep 메모 내용 Google 캘린더와 연동해서 관리

(가) 캘린더 연동할 Keep을 열고 아래 쪽 메뉴에서 알림메뉴 선택

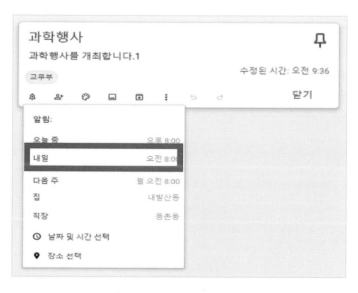

[그림 2-119] Keep 활용 4

(나) '내일' 선택 후 다시 설정을 선택하여 날짜 및 시간 선택 후 저장

[그림 2-120] Keep 활용 5

(다) 캘린더에서 Keep 내용이 연동되어 같이 표시되는지 확인(구글 캘린더/오른쪽 Keep 아이콘 실행/ 화면이 나눠지고 Keep 내용 확인)

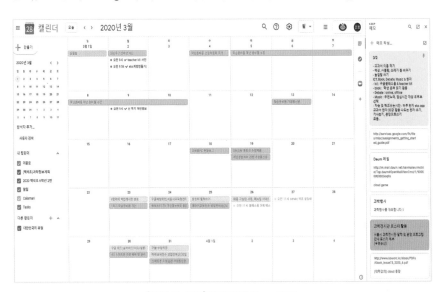

[그림 2-121] 캘린더와 Keep 연동

(3) 담임교사 활용(알림장)

[그림 2-122] Keep 응용

(가) 기타 Keep 활용

라벨 만들기(담임교사), 내용 적기, 알림 메뉴에서 날짜 설정 해놓
기, 학습 종료 시 제시

※ 1주(or 1달) 전 학습계획에 의해 미리 설정해 놓고 전날 수정할
부분만 수정작업

- 학생들 캘린더 앱(가정PC, 개인 mobile 등)을 통하여 월별 내
용 유지로 수시 확인 가능

다) (캘린더)Task 활용

(1) 오른쪽 내 할 일 목록에서 개인 업무관련 목록 만들기

[그림 2-123] (캘린더)Task 활용 1

(2) 목록 선택한 후 '+ 할 일 추가' 선택하여 할 일 내용 적고, 추가할 내용은 연필 아이콘 선택 후 날짜, 하위 할 일 추가 가능

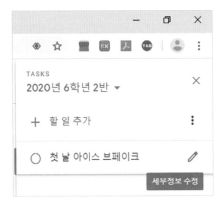

[그림 2-124] (캘린더)Task 활용 2

[그림 2-125] (캘린더)Task 활용 3

(3) 캘린더에서 할 일 추가 내용 확인(왼쪽 Tasks를 체크를 하면 캘린더
   에 추가되어 표시)

(4) 오른쪽 Keep과 할 일(Task)을 캘린더에서 활용

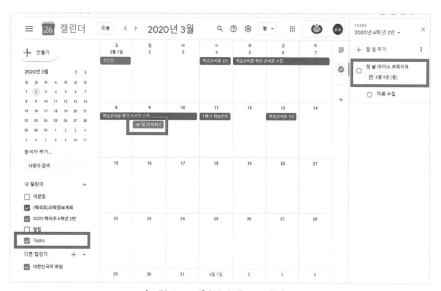

[그림 2-126] (캘린더)Task 활용 4

Google Classroom

Part 3
Google 클래스룸 활용

가. Google 클래스룸 메뉴

1) 목적

Workspace for Education의 Google 클래스룸은 선생님과 학생이 학습자료 (동영상 자료, 첨부문서, 링크, 드라이브문서), 과제, 퀴즈, 질문 등을 통하여 학생들에게 교육을 하기 위한 소통 도구이다. 클라우드 기반이라 UI도 쉽고 IT 전문 지식이 없어도 쉽게 사용할 수 있기 때문에 선생님은 교육에 집중할 수 있고, 학생들은 친숙한 PC 및 스마트폰으로 공부할 수 있어서 시간과 장소에 구애받지 않는다.

Google 클래스룸은 기존의 전통적인 교육대신에 Flipped Learning, Project 기반의 수업, 디베이트 등 다양한 수업에 적합하고 학생들도 스마트폰으로 이용이 편리하기 때문에 선생님, 학생 모두에게 좋은 도구이다. 4가지 특징을 갖고 있다.

가) 관리 작업이 보다 효율적으로 처리가 가능하다. 강의실은 Workspace for Education과의 간단한 설정 및 통합이 가능하다.

나) 언제 어디서나 모든 장치에서 작업이 가능하다. 교사와 학생은 클래스룸을 통해 모든 컴퓨터 또는 모바일 장치에서 로그인하여 수업 과제, 강의 자료 및 피드백에 액세스 할 수 있다.

다) 무료로 최고의 학습 관리가 가능하다. 클래스룸 학교사용은 무료이며
Workspace for Education에 가입 할 때 그 기능이 포함된다. 모든 Google
for Education 도구와 마찬가지로 클래스룸은 높은 보안성을 갖고 있다.

라) 교사가 학생의 진행 상황을 추적하여 추가 피드백을 제공할 위치와 시기를
파악할 수 있다. 간단한 작업 진행으로 학생들에게 바람직하고 개인화된 조
언을 제공 할 수 있다.

2) Google 클래스룸 메뉴

[그림 3-1] 클래스룸 처음화면 및 스트림 메뉴 화면

가) 스트림 : 현재 클래스룸의 교사가 제시한 과제, 퀴즈, 수업 자료등록 상태
를 나타내고 공유링크를 활용할 수 있다.

나) 수업 : 과제, 퀴즈, 자료, 질문, 게시물재사용, 주제 등을 클래스룸에 올릴
수 있는 공간으로 행아웃 미팅 설정, 캘린더 연동, 수업 드라이브 폴더를
활용 할 수 있다.

[그림 3-2] 수업 화면

다) 사용자

현재 Google 클래스룸에 등록된 교사와 학생을 확인

[그림 3-3] 사용자 화면

라) 성적

Google 클래스룸에 게시된 과제에 대한 성적을 처리하는 공간

[그림 3-4] 성적화면

3) Google 클래스 룸에 학생 등록

(1) (학생)Workspace 사용자 등록

　일괄 등록으로 한번에 많은 학생을 Workspace 학생사용자로 등록

(2) (교사) Google 클래스룸 개설

나. Google 클래스룸 만들기

1) Google 클래스룸 만들기

　오른쪽 상단 '+'키를 선택하고 수업 만들기를 선택하여 Google 클래스룸 만들기를 한다.

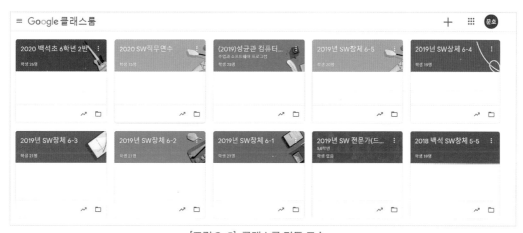

[그림 3-5] 클래스룸 만든 모습

[그림3-6] 클래스룸 수업 만들기 메뉴

[그림3-7] 클래스룸 수업 정보 만들기

2) (교사) Google 클래스룸 완성

[그림3-8] 클래스룸

3) (학생) Google 클래스룸에 등록시키기

Workspace 사용자로 등록한 학생들을 교사가 만든 Google 클래스룸에 등록시키기

(교사) 개설된 6학년2반 클래스룸 보임	(학생) 교사가 개설된 반이 없어 6학년2반 클래스가 없음
(교사) 개설된 교실의 초대코드를 보여줌	(학생) 클래스룸의 오른쪽 위 '+'를 눌러 수업 참여하기를 누르고 교사가 개설한 교실 참여 코드를 입력하고 참여한다.

4) (교사) 개설한 클래스룸에 학생들 참여 확인

(교사) 개설된 교실에서 학생 영역에 Google 클래스룸 참여하기가 완성된 학생 확인	(학생) 교사가 개설한 Google 클래스룸이 보인다. 메뉴는 '스트림', '수업', '사용자'(교사만 보임)

5) (교사) Google 클래스룸 메뉴

가) 스트림 : 수업메뉴에서 제시된 각종 질문, 과제, 퀴즈과제 등이 보이는 곳으로 수정 및 링크 복사를 할 수 있다.

링크복사는 메모리상의 링크가 복사되어, 주소창에 직접 붙여넣기 등으로 활용할 수 있다.

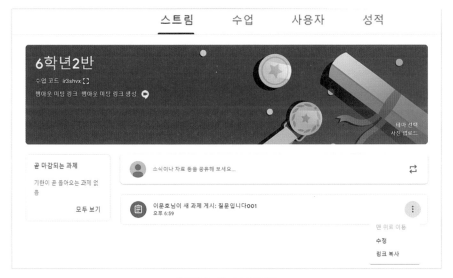

[그림 3-9] 스트림 메뉴

복사한 주소를 주소입력란에 붙여 넣으면 바로 이동가능하다.

[그림 3-10] 스트림 메뉴에서 게시물에 대한 링크 복사 나 수정 및 이동

[그림 3-11] 링크 복사 후 보이는 게시물

나) 수업

과제, 퀴즈 과제, 질문, 자료, 게시물 재사용, 주제 등을 만들어 활용한다.

[그림 3-12] 수업메뉴

(1) 과제 만들기

과제 제목, 설명을 넣은 후 추가를 선택하여 구글 드라이브에 있는 과제와 링크, PC파일, 유튜브 등을 첨부할 수 있다.

[그림 3-13] 과제 만들기 정보 입력

구글 드라이브 첨부 : 최근 문서함, 업로드, 내 드라이브, 공유 드라이브, 별표 중 선택하여 첨부

[그림 3-14] 구글 드라이브에 저장된 파일들

링크 : URL 추가

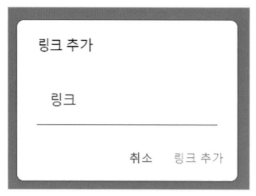

[그림 3-15] 링크 추가 첨부

파일 : 내 PC에 있는 파일을 업로드 하여 첨부

[그림 3-16] PC자료 첨부

유튜브 : 유튜브에 있는 동영상 자료를 검색어로 검색하여 추가

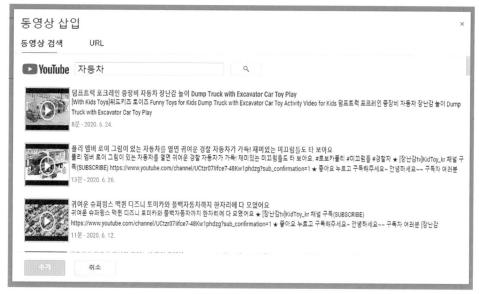

[그림 3-17] 유튜브 자료 검색 후 추가

대상 : 현재 교사가 개설한 클래스룸 모두, 전체학생 혹은 개별 선택
점수 : 현재 과제에 대한 배점
기한 : 제출 기한 설정
주제 : 과제별 주제별 분류 관리
기준표 : 별도의 기준에 의한 평가

[그림 3-18] 과제 대상 및 점수, 주제 설정

(2) 모두 설정 후 과제 만들기 선택

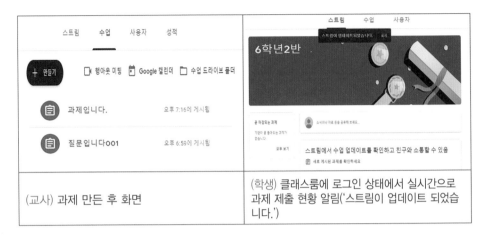

(교사) 과제 만든 후 화면	(학생) 클래스룸에 로그인 상태에서 실시간으로 과제 제출 현황 알림('스트림이 업데이트 되었습니다.')

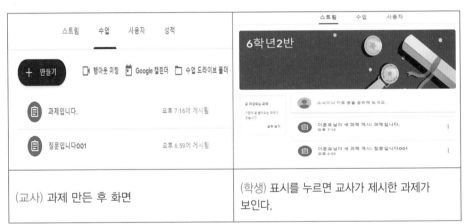

(교사) 과제 만든 후 화면	(학생) 표시를 누르면 교사가 제시한 과제가 보인다.

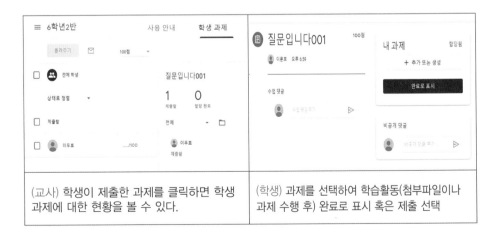

(교사) 학생이 제출한 과제를 클릭하면 학생 과제에 대한 현황을 볼 수 있다.	(학생) 과제를 선택하여 학습활동(첨부파일이나 과제 수행 후) 완료로 표시 혹은 제출 선택

(3) 퀴즈 과제 만들기

퀴즈 양식인 빈 설문지가 첨부되어 있고, 비어있는 퀴즈 양식으로 설문지를 편집하여 퀴즈를 낸다.

[그림 3-19] 퀴즈과제 만들기

(가) Blank Quiz를 클릭하면 설문지 편집화면이 보이고 퀴즈를 만든다.

[그림 3-20] 퀴즈 만들기 위한 설문지 만들기

(나) 퀴즈 형식으로 문제 출제와 옵션을 설정한다.

과제 만들기를 선택하여 마무리 한다. 과제 만들기를 하지 않을 경우 초안으로 저장되고 추후 수정 작업을 거쳐 최종 과제 만들기를 선택하여 클래스룸에 게시한다.

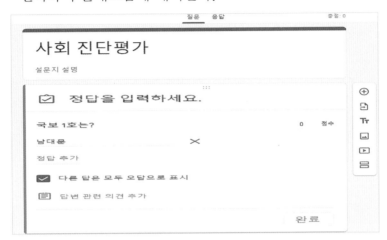

[그림 3-21] 퀴즈 만들기

(4) 질문 만들기

기존 작업과 유사하지만 옵션에 학생들이 서로 답글 달기와 답을 수정할 수 있는 권한이 있다.

[그림 3-22] 학생 답글 옵션

(가) 자료 만들기

이전 만들기와 유사하게 설정

(나) 게시물 재사용

이전에 다른 클래스룸에서 만든 자료를 가져와 복사하여 현재 클래스룸에 활용하기

(다) 수업 선택

[그림 3-23] 기존 클래스룸들

(라) 선택한 반의 게시물 확인 후 선택하여 재사용

다른 반 게시물을 재사용 선택하여 바로 가져와 게시물 편집화면
에서 과제 만들기

[그림 3-24] 기존 클래스룸에서 만든 게시물들

(마) 주제 : 여러 게시물을 주제별로 묶어 관리할 수 있어, 반드시 활용
    필요함

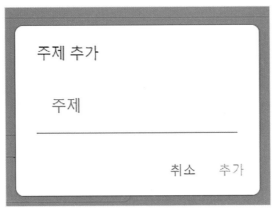

[그림 3-25] 게시물 주제 만들기

[그림 3-26] Google 클래스룸에 만들어진 질문

다) 사용자

현재 클래스룸에 등록된 교사와 학생들이 보이고 교사는 추가 등록이 가능하여 여러 명이 같이 운영할 수 있으며, 학생 또한 추가 초대가 가능하다. 초대할 경우 이름이나 이메일을 활용한다.

[그림 3-27] 클래스룸 교사 추가하기

[그림 3-28] 클래스룸 학생 추가하기

(1) 등록된 학생에게 이메일을 보낼 수 있다.

(2) 보호자 이메일을 활용하여 학생활동 상황을 보낼 수도 있다.

[그림 3-29] 클래스룸에 등록된 교사와 학생, 학부모 이메일 초대 가능

라) 성적

게시된 과제에 대한 성적 결과를 확인 할 수 있고, 과제물을 돌려주거나 제출한 성적 기록 보기도 가능하다.

[그림 3-30] 게시물에 대한 성적등록

마) 수업 설정

수업 세부정보 : 현재 클래스룸의 정보

[그림 3-31] 수업 세부 정보

일반 : 수업코드, 스트림 속성(학생 댓글 여부), 스트림 수업과제(알림표시 방법), 삭제된 항목 표시 여부, 보호자 요약(이메일 전송기능 여부), 행아웃 미팅(수업 중 행아웃 활용여부, 행아웃은 수업활동에서 설정가능하고 설정되면 링크가 보임)

다. Google 클래스룸 수업 활용

1) (교사) 학생 개별 과제 제출

가) 모둠별 해결할 학습지를 미리 첨부할 경우, 구글 문서 혹은 프레젠테이션
으로 미리 작성하여 구글 드라이브에 저장하거나 PC의 HDD에 저장된 파
일을 첨부한다. 과제 게시할 때에도 구글 문서 만들기를 선택하여 제시할
수도 있다.

[그림 3-32] 학생 개별 과제 제출 1

[그림 3-33] (교사)학생 개별 과제 제출 2 (공유할 문서 만들기)

나) Google 클래스룸의 과제를 제시하고 학생들이 과제에 대한 활용권한 3가지 설정하기

[그림 3-34] (교사) 학생들에 부여할 과제 권한 종류

(1) 학생에게 파일 보기 권한 제공 : 교사가 과제에 게시된 자료를 볼 수 만 있는 상태(교사가 수업 자료만 제공하는 수업)
(2) 학생에게 파일 수정 권한 제공 : 교사가 공유한 한 개의 파일에 모든 학생이 수정할 수 있는 상태(교사가 하나의 문서에 학생 모두 동시에 참여해서 작업할 수 있는 수업)

[학생]

[그림 3-35] (학생) 교사가 첨부한 과제의 학생 화면

(3) 학생에게 파일 수정 권한을 제공한 첨부파일에 들어 온 학생들의 작업 장면으로 두 명(이무호, 마르고)의 학생이 교사 공유 파일에서 같이 작업한 상태

[그림 3-36] 이무호, 마르고 학생이 한 문서에서 작업한 화면

=〉 이미 과제에 작업이 시작된 이후에는 '학생별로 사본 제공'에 대한 권한 부여는 불가능하다.

(4) 학생별로 사본 제공 : 교사가 지정한 학생들 모두에게 같은 첨부파일이 전달되고, 학생들 각자 만든 결과물을 제출 할 수 있는 상태 (학생 개별 결과물을 볼 수 있고 개별 피드백을 줄 수 있는 수업)

[그림 3-37] (교사) 각 학생 개별 과제 제출을 위한 첨부 문서 양식

[그림 3-38] (교사) 학생별로 사본 제공 권한을 부여

(이무호 학생) 학생 본인 이름이 첨부된 제출 파일이 보이고 클릭하여
과제를 만든다.

[그림 3-39] (학생) 이무호 학생이 받은 과제

(마르고 학생) 학생 본인 이름이 첨부된 제출 파일이 보이고 클릭하여
과제를 만든다.

[그림 3-40] (학생)마르고 학생이 받은 과제

각자 과제를 완성하고 제출을 선택하여 과제를 교사에게 전달하기

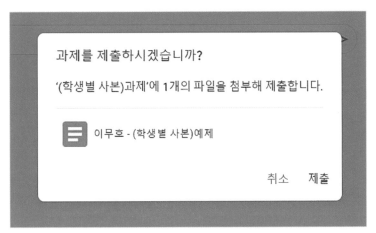

[그림 3-41] (학생) 각 학생들은 개별 과제 제출

2) (교사)Google 클래스룸에 제출한 과제 피드백

(1) 과제를 제출한 학생들의 제출함과 할당 완료(아직 과제제출 전 및 과제가 부여 되었는지 확인)로 나누어 표시되어 실시간으로 제출상태 확인가능

[그림 3-42] (교사) 학생들이 제출한 과제 실시간 온라인 확인

(2) 제출함을 선택하면 제출한 학생의 과제가 보임

[그림 3-43] (교사) 개별 과제에 대한 점수 부여

(3) 왼쪽에는 각 학생들에게 과제에 대한 점수를 부여할 수 있도록 되어 있고 상단의 100점수를 교사 임의로 수정한 점수를 배당하여 채점이 가능하다.

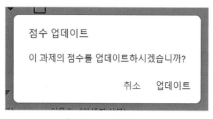

[그림 3-44] 총점

[그림 3-45] 점수 만점 수정

미흡한 과제는 반환(돌려주기)도 가능하다.

(4) 과제를 제출한 학생별 개별 성적 및 비공개 댓글 피드백가능

교사가 비공개 댓글로 제시한 내용이 아래 학생이 제출한 과제의 댓글 창에서 바로 확인이 가능하다.

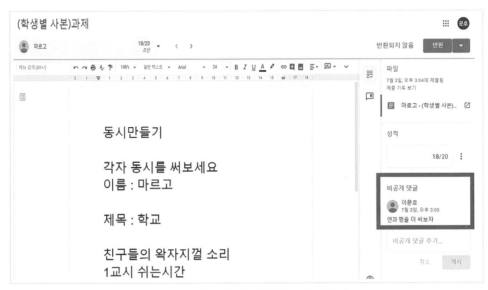

[그림 3-46] (교사) 비공개 댓글로 피드백하기

[그림 3-47] (학생) 실시간으로 본인 과제 댓글 확인

3) 교사(모둠 배포)

가) 교사는 모둠별 문서 작성
나) 클래스 과제 만든 후 모둠 장에서 보낼 첨부파일을 붙인 후 학생 중 모둠 장만 선택하여 과제 제출
다) 모둠 장은 보내진 모둠 양식을 연 후 다른 모둠원에 초대 및 권한 부여를 하여 활용한다.

4) 기타 Google 클래스룸

가) 클래스룸 수업 활용 방법
나) 게시수업 : 클래스룸에 수업 자료만 제시
다) 토론수업 : Google Meet나 Hangout을 활용한 토론수업
라) 조사 및 검색 활동 수업 : 조사도구를 활용하고 조사결과를 Google문서나 슬라이드로 작성하기
마) 퀴즈나 설문 활동 : 퀴즈 설문 작성 및 통계의견 수집활동
바) 그리기 활동 : 드로잉으로 그리기 관련 교과 수업(수학, 미술 등)활동
사) 기타 활동 : 기타 활용 앱을 통한 활동

Google 부가기능 및
기타 솔루션 연동

Part 4
Google 부가기능 및 기타 솔루션 연동

가. Pear Deck

1) Pear Deck이란

Pear Deck Slides는 PowerPoint 또는 Google Slides 프레젠테이션과 매우 비슷하다. 그러나 단순히 정적인 정보 슬라이드 대신 모든 학생이 질문이나 프롬프트에 응답할 수 있는 대화형 슬라이드를 만들 수 있다.

Pear Deck Slides는 어떤 학년이나 과목에 관계없이 모든 좌석에 있는 모든 학생을 참여시키고 형성 평가를 제공하도록 도와준다. Pear Deck을 사용하면 자신감과 이해력을 높이는 대화형 커뮤니티 중심 교실을 만들 수 있다.

2) Pear Deck 제작 기초

(가) 1단계 : 슬라이드 사용자 정의(Google 사용자 or MS 사용자)

    익명 or 로그인 활용

(나) 2단계 : 슬라이드 구성 : 수업 내용 전개 슬라이드 구성(수업 계획 슬라이드)

    https://www.peardeck.com/googleslides/

(다) 3단계 : 대화식 슬라이드 만들기(템플릿 사용 or 사용자 지정)

(라) 4단계 : (교사) 만든 Pear Deck에 추가된 슬라이드 제시(참여 방번호)를
학생들 에게 제시하기

(학생) 교사가 제시한 방 번호를
https://app.peardeck.com/join로 이동하여 입력 후 참여

(마) 5단계 : 학생들이 참여 활동

3) (교사, 학생) Pear Deck 사용자 계정 만들기

(가) Pear Deck website 계정 : Workspace 활용 없이 Pear Deck
홈페이지에서 활용할 경우

① Workspace 계정 : Google slide의 add-on(부가기능) 활용

② 개인, 교육 또는 비즈니스 계정을 사용(Workspace 계정)

③ 생성한 Pear Deck 파일은 구글 드라이브에 자동으로 저장되므로 활용하기 쉽다. (저장 위치 확인하기)

④ (Google 클래스룸 활용) Google 클래스룸이 있는 경우 대시보드에서 클래스를 Google 클래스룸에 초대

⑤ (수업에 따라) Google 계정으로 세션에 로그인하도록 요구할 수 있다. (익명 or 본인) 이렇게 하면 누가 프레젠테이션 세션에 참여하고 대화형 질문에 응답하는지 정확하게 알 수 있다. 익명으로 로그인 할 수도 있다.

4) Pear Deck 홈페이지에서 시작

① https://www.peardeck.com/으로 이동하여
   교사 Google 계정으로 가입 필수이므로 Pear Deck 제작을 위해 Teacher
   login을 클릭한다.(크롬 브라우저 활용)

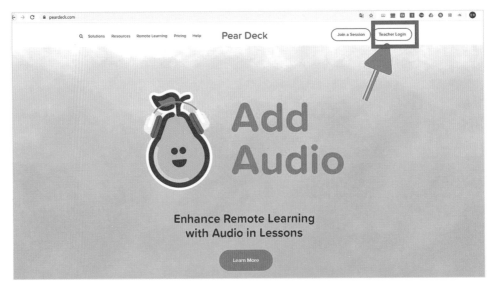

[그림 4-1] Pear Deck 홈페이지

② 로그인 할 계정 유형을 선택한다.(Google로 로그인) Workspace 계정으로
   로그인하기

[그림 4-2] Google 계정으로 로그인

[그림 4-3] 본인 Google계정 선택

③ Pear Deck에 구글 드라이브에 대한 액세스 권한을 부여하라는 메시지가 표시되면 허용을 클릭하고 Pear Deck을 구글 드라이브에 연결한다. 로그인 후 Pear Deck 첫 화면이 보인다.

[그림 4-4] Pear Deck와 내 Google 계정 연결 확인

[그림 4-5] Pear Deck 로그인 후 첫화면

5) Pear Deck 수업 만들기

① Pear Deck.com 이동/교사 Workspace 계정 로그인

② Pear Deck 메인 화면에서 수업만들기 선택

[그림 4-6] Pear Deck 로그인 후 메인화면

③ 새 프레젠테이션 만들기(Pear Deck 홈페이지에 로그인 한 계정에 따라 Google프레젠테이션 파일 만들기 중)

[그림 4-7] 새 Google 프레젠테이션 파일 만들기 중

④ Google에 로그인 된 후 Google 슬라이드가 자동 열린 상태

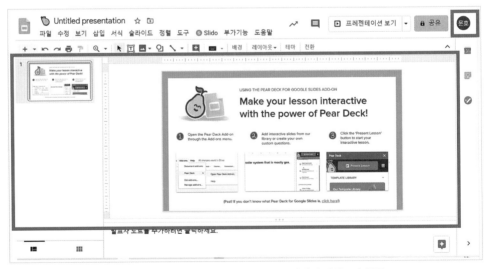

[그림 4-8] Google 프레젠테이션에서 Pear Deck 안내 슬라이드가 열림

⑤ Pear Deck기능으로 상호작용 수업 만들기 안내 화면 제작 단계

⑥ 슬라이드 메뉴 / 부가기능 / Pear Deck for Google Slides Add-on / Open
Pear Deck Add-on 선택

[그림 4-9] 프레젠테이션에서 Pear Deck을 적용하기 위한 부가기능 선택

⑦ Pear Deck 자료실에서 상호작용 슬라이드를 추가하거나 여러분이 새롭게
질문을 만든다.

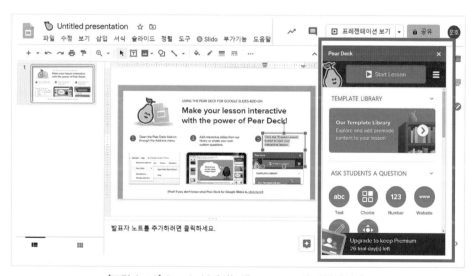

[그림 4-10] Google 부가기능에 Pear Deck이 실행된 상태

오른쪽 Pear Deck이 안보일 경우 Pear Deck에서 현재 Google 계정연결이 허용되지
않은 상태라서 Pear Deck 홈에서 Google 계정 연결 작업 다시 실행 필요

6) (기초)Template Library로 제작

① 구글 프레젠테이션에 Pear Deck 기능을 적용하기 위해 Pear Deck 템플릿을 활용한다. 템플릿라이브러리 선택

[그림 4-11] Pear Deck 템플릿 선택

② Pear Deck 템플릿 종류로는 학습 초기, 중반, 마무리 별로, 그리고 종류별, 주제별 관련 템플릿을 적용가능하다.

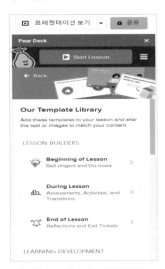

[그림 4-12] 수업 설계 템플릿

[그림 4-13] 주제 영역 템플릿

[그림 4-14] 학습 개발 템플릿

③ 템플릿 자료실

[수업 설계]

수업 시작/ 수업 중/ 수업 마무리 중 선택해서 사용 하는 인터렉션 자료

[수업 개선]

- Critical Thinking(비판적 사고) : 토론
- Social-Emotional Learning(사회 및 정서적 학습) : 어린이/ 성인
  감정을 이해 관리하는데 필요한 지식, 태도 기술 습득 후 효과적 적
  용 긍정적 목표(윤리/도덕)

[과목별 영역]

질문예제/유아/수학/과학/사회적 연구/세계 언어

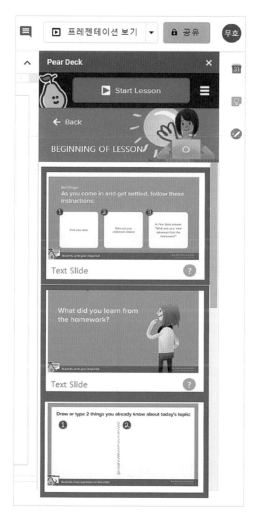

[그림 4-15] 수업 초기 템플릿

7) 수업 모드 선택

Pear Deck이 완성되고 교사는 Pear Deck이 적용된 슬라이드를 학생 중심 활동(Student-paced Activity)과 수업 진행 활동(Instruction-paced Activity) 중에서 Pear Deck 수업진행 방식으로 선택하여 진행가능하다.

[그림 4-16] 수업 모드 선택

① 학생 중심 활동(Student-paced Activity)

교사가 만든 슬라이드를 학생 스스로 학습하여 진행하는 방법

학생 중심 활동(Student-paced Activity) 선택 후 Pear Deck 적용 과정이 보이고 다음과 같은 대시보드 환영 메시지 창 보임

[그림 4-17] 학생 진행 모드

② 학생 진행 모드 안내 절차

　[1단계] 학생 공유 링크 주소안내(Google 클래스룸 수동제시)

　https://app.peardeck.com/student/******(공유 링크)는 학생들이 쉽
　게 접근하기 위한 게시판 (Google 클래스룸 게시판, SNS 등)을 활용하여
　복사한다.

　[2단계] 학생들은 peardeck.com 이동 후 *****(다섯 자리 코드) 입력을 통
　해 수업 슬라이드에 참여한다.

　[3단계] 클래스룸 구성 후 개설된 과제 게시판과 연동한다.

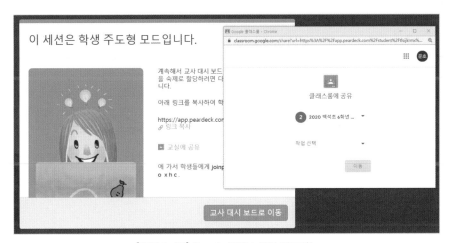

[그림 4-18] Google 클래스룸과 연동가능

　[4단계] Google 클래스룸에 첨부파일로 게시 가능하다.

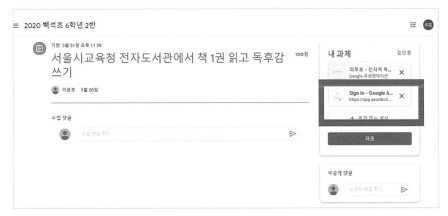

[그림 4-19] Google 클래스룸 첨부파일로 게시 가능

③ 수업 진행 활동(Instruction-paced Activity)

교사에 의해 진행되는 슬라이드 수업 방식으로 교사 대시보드 화면을 통해 학생들의 반응을 실시간으로 확인이 가능하다.

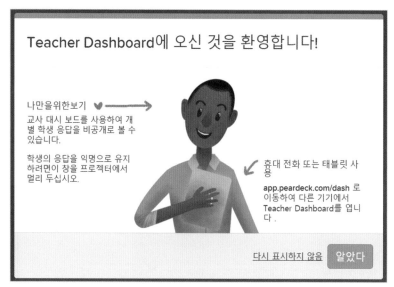

[그림 4-20] 교사 주도 진행 방식

교사용 대시보드 화면(실시간 응답 -> refresh 필요)

[그림 4-21] 교사주도 방식에서의 교사 대시보드

8) 수업 초기 활용 템플릿

① 오늘 주제에 대한 그림 그리기

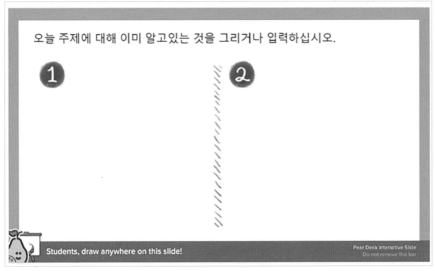

[그림 4-22] (수업초기) 그리기 반응

② 지난 번 과제 반응살펴보기

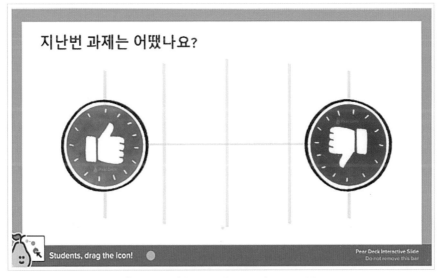

[그림 4-23] (수업초기) 좋아요/싫어요 반응

9) 수업 중

① Text slide : 문자와 문장으로 내용 구성 전달 및 반응 입력 방법

[그림 4-24] (수업중) 텍스트 입력 방법

② Multiple choice slide : 내용에 대한 참과 거짓 선택하기

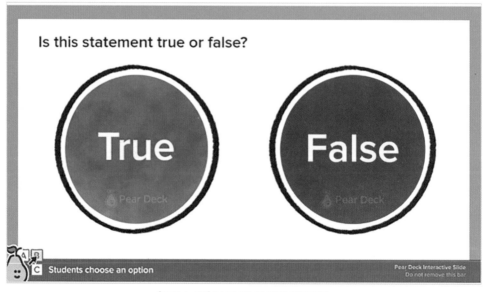

[그림 4-25] (수업 중) 참 거짓 토론하기

③ Draggable slide : 본인이 느끼는 대로 파란점 마우스로 drag하기

④ Instructions slide : 이번 활동을 위해 다음 단계별 지시사항 안내(일찍 끝낸 사람은 친구 활동을 도우면서 해보고 좀 더 다른 방법으로 시도해 보기)

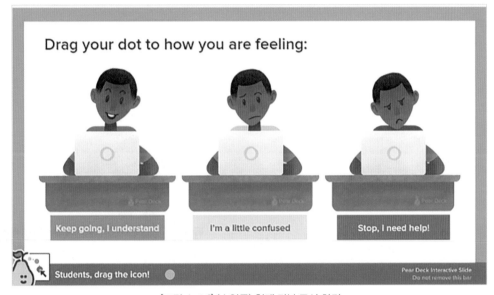

[그림 4-26] (수업중) 현재 기분 표시 하기

10) 수업 마무리

① Drawing slide : 여러분들 생활과 연결 해 보기.

[왼쪽] 오늘 학습한 것 중 관심 있는 것은 무엇인가요? 그림 표현

[오른쪽] 여러분들의 생활과 이것과의 관계를 맺을 수 있을까요?

(여러분 생활에서 일과 어떻게 같고, 차이나고 도움이 되는가?)

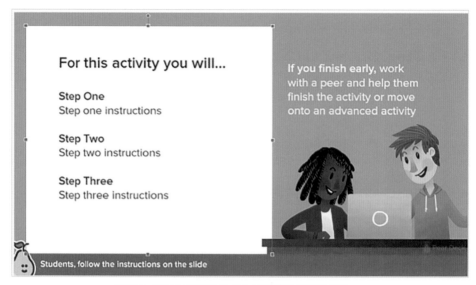

[그림 4-27] (수업 마무리) 학습 내용 정리 그리기 활동

② Text slide

[그림 4-28] (수업 마무리) 텍스트 입력

③ (수업 마무리)그리기 활동

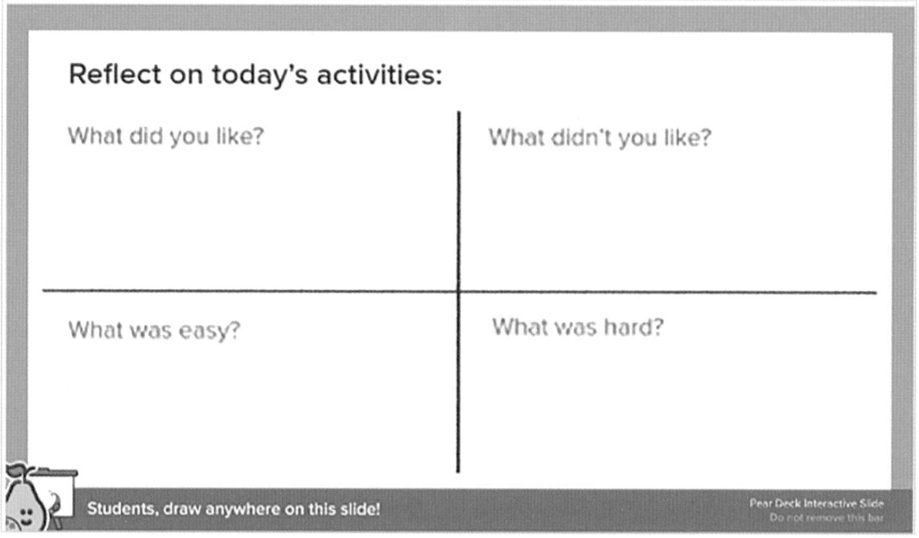

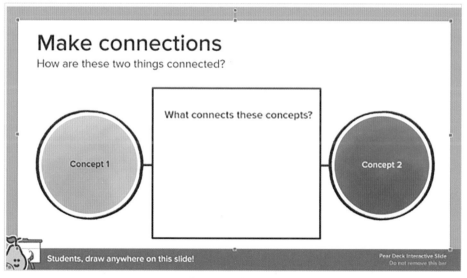

[그림 4-29] (수업 마무리) 수업한 내용 그리기

11) 기타 템플릿

① Critical Thinking : 본인 생각을 나타내는 활동

[그림 4-30] 의견 교환

② Social-emotional Learning : 아이콘 색깔별로 각 단계 드래그 하여 정도 표시하기

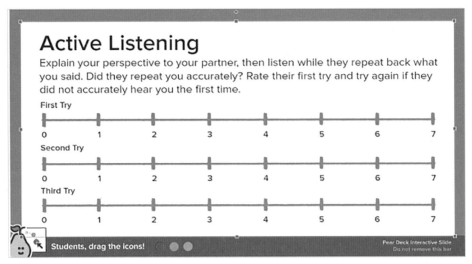

[그림 4-31] 의견 나타내기

12) 학생 응답 관리

① Instruction-paced mode(학생들이 joinpd.com 접속 후 xghok 방번호 입력 후 제시)교사의 진행에 따라 슬라이드 내용이 진행되고 응답 되도록 구성되고, 일반적인 학습 제시방법으로는 교사 화면을 통하여 교사용 대시화면(응답이나 통계결과) 공유하기

② 교사용 대시보드에서 실시간 학생 응답을 확인 할 수 있음

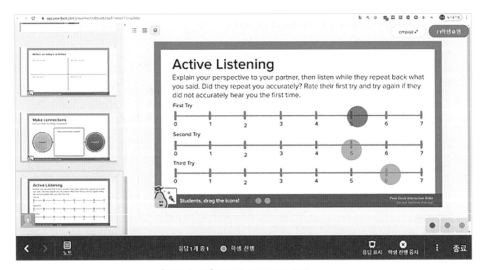

[그림 4-32] 교사용 대시보드 화면

13) Pear Deck 수업 진행

① (교사화면) 파란색 수업시작을 누르면(학생들의 참여 수를 아래쪽에서 확인 후) 아래 화면이 나오고 수업진행을 한다.

[그림 4-33] (교사) 교사 진행 모드를 위한 참여 코드 제시 화면

[그림 4-34] (교사) 수업 시작 후 진행화면

② (학생화면)학생들이 Web으로 접속 후 프레젠테이션 보이고 슬라이드 지시
사항에 따라 오른쪽 여백에 입력이나 그리기/드래그 활동을 실시한다.

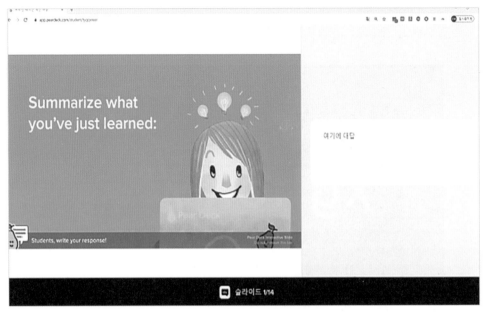

[그림 4-35] (학생) 학생 화면에 교사가 인터랙션이 있는 화면에서 응답 입력 화면

14) (전문편집) 교사가 직접 편집

학생에게 상호작용 기능을 새 슬라이드에 직접 Pear Deck적용하기
① Text 질문 기능 넣기 방법
  - 문자입력 반응 리뷰 기능으로 학생들이 접근 가능한 장치인 스마트 패드,
    노트북, 크롬북에서 질문에 대한 응답을 입력한다.
  - 교사용 교실TV로 실시간으로 학생들에게 질문을 보여 주거나 응답을
    확인한다.

(교사제작화면) Update slide를 선택하면 Pear가 보이고 새로운 슬라이드가 텍스트 질문 슬라이드 형태로 바뀌면 슬라이드 내용을 질문 형식으로 적는다.

[그림 4-36] (교사) Google 프레젠테이션에서 Pear Deck 문자입력 기능 문제 만들기

(학생화면) 질문 슬라이드로 바뀌어 있고 오른쪽 여백에 질문에 대한 답을 적는다.

[그림 4-37] (학생) 학생은 교사가 제시한 문제에 대한 답을 한다.

(교사대시화면) 응답내용을 교사만 알고 싶을 경우

[그림 4-38] (교사)교사의 대시보드에서 응답한 학생의 결과 확인

(TV 교사진행화면) 응답현황을 공유할 경우

아래쪽 메뉴에서 응답표시 선택

응답한 학생의 내용이 제시됨

[그림 4-39] (교사) 교사용 화면에서 응답표시 화면을 통해 응답한 내용을 공유 가능

② 선택 질문

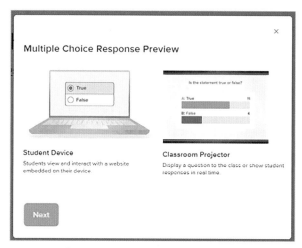

[그림 4-40] (교사) 선택 문제 만들기1

(학생 화면) 선택 화면을 보고 응답
(TV 화면) 실시간 학생응답 화면 표시

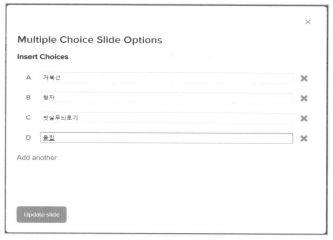

[그림 4-41] (교사) 선택 문제 만들기2(문항 만들기)

각 객관식 내용 입력 후 Update slide 선택 후 슬라이드에 적용한다.
적용된 슬라이드에 설문 or 질문 내용을 입력한다.

(교사) Google 프레젠테이션 화면에서는 편집내용이 안보임

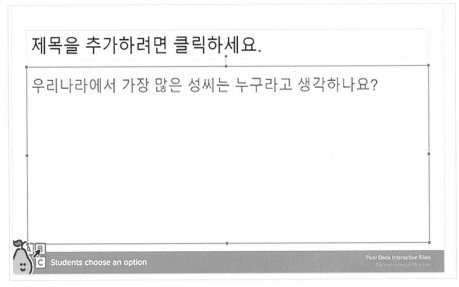

[그림 4-42] (교사) Google 프레젠테이션 편집화면

(교사,학생) 교사 및 학생 진행 화면에서는 문제 보임

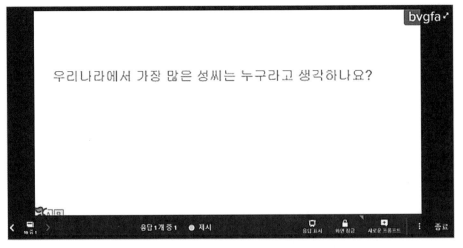

[그림 4-43] (교사,학생) 수업진행화면에서는 출제 문항 보임

(학생화면) 주어진 문제에 대한 응답하기

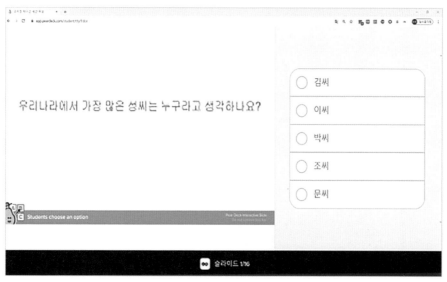

[그림 4-44] (학생) 교사 문장제 문제 응답하기

(교사화면) 학생들 결과 확인

[그림 4-45] (교사) 학생들의 결과 확인

③ 숫자입력(척도) 질문

(학생) 숫자를 입력한다.
(TV) 실시간 학생 응답을 보여주거나 학급에 대한 질문을 보여 준다.
    Update slide를 선택한다.
(교사제작화면)

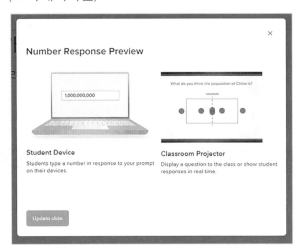

[그림 4-46] (교사)숫자 입력 항목

(교사) 문제 출제화면

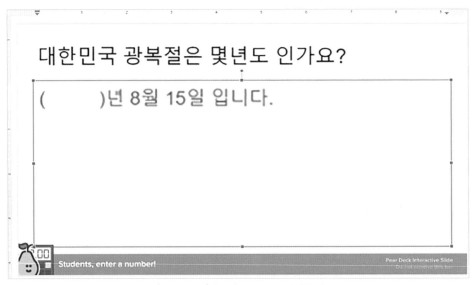

[그림 4-47] (교사) 숫자 입력 편집화면

(교사,학생) 출제한 문제가 보이는 화면

[그림 4-48] (교사,학생) 문제 출제 화면

(학생화면) 오른쪽 여백에 숫자를 입력한다.

[그림 4-49] (학생) 응답화면

④ 웹사이트 제시

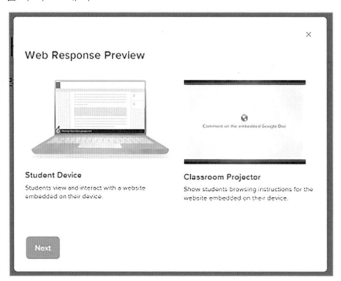

[그림 4-50] (교사) 웹사이트 응답 세팅화면

(학생) 응답하기

(TV) 웹사이트 검색 방법 안내 활용 Next 선택

　　보여줄 웹사이트 선택하고 미리 보기

　　웹 주소 입력 : http:// 주소 입력하기, 미리 보기 : 웹사이트 미리보기

(보안) 모든 학생 데이터를 비공개로 안전하게 유지하려면 모든 사이트에

　　HTTPS가 있어야한다. 웹 사이트가 보이지 않으면 입력한 URL이 작

　　동하지 않거나 포함되지 않거나 안전하지 않은 것이다.

Update slide 선택

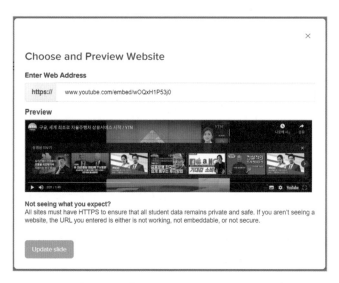

[그림 4-51] https로 시작하는 주소사용

(교사편집화면) 웹 자료 편집화면

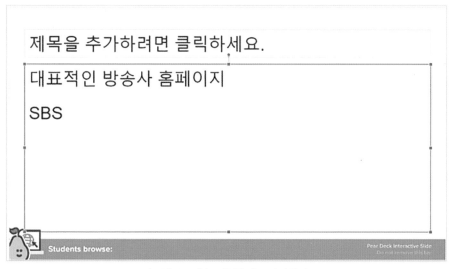

[그림 4-52] (교사) 웹 자료 편집화면

(학생화면) 웹 페이지 소개 및 일부 링크 활성화/비활성화

[그림 4-53] (학생) 제시된 화면

⑤ 그리기 질문

(학생) 그리기 활동

(TV) 실시간 학생 응답을 보여주거나 학급에 대한 질문을 보여 준다.
    Update slide를 선택한다.

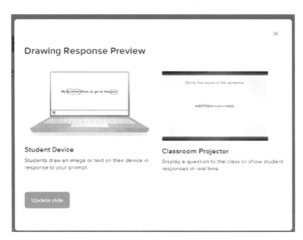

[그림 4-54] (교사) 그리기 활동 세팅

(교사제작화면) 그리기 반응 세팅 화면

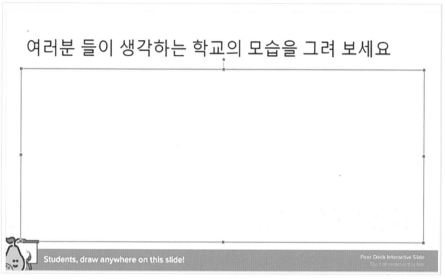

[그림 4-55] (교사) 그리기 출제 화면

(교사,학생) 그리기 화면제시

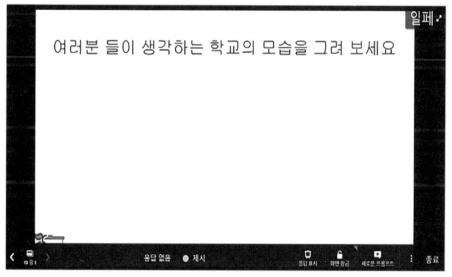

[그림 4-56] (교사,학생) 그리기 화면

(학생화면)

[그림 4-57] (학생) 그리기 화면

⑥ 끌기 질문

(학생) 질문에 대한 아이콘을 드래그하기
(TV) 학생들의 실시간 응답을 보여 주거나 질문 보여줌

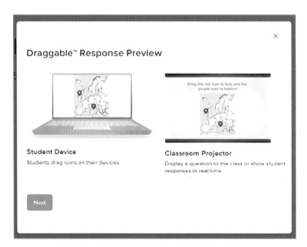

[그림 4-58] (교사) 마우스 끌기 활동 세팅

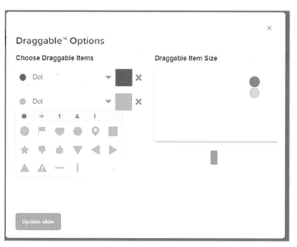

[그림 4-59] (교사) 끌기 활동을 위한 매칭작업

Next 선택

드래그 옵션 설정

드래그 할 아이템 속성(모양/색깔 설정)

Update slide 선택하여 적용

(교사제작화면) 교사의 제작화면

다음 북반구와 남반구의 현재 날씨에 드래그 하세요

텍스트를 추가하려면 클릭하세요.

	1(덥다)	2(보통이다)	3(춥다)
북반구 날씨			
남반구 날씨			

Students, drag the icons!

Pear Deck Interactive Slide
Do not remove this bar

[그림 4-60] (교사) 마우스 끌기 편집화면

(교사,학생) 수업 진행화면

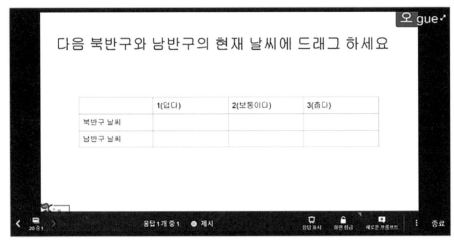

[그림 4-61] (교사,학생)수업진행 화면

(학생화면) 2개의 색깔 아이콘을 알맞은 곳에 드래그 하여 나타내기

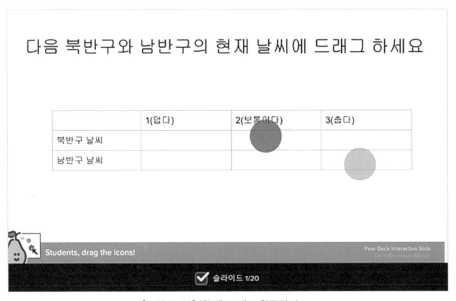

[그림 4-62] (학생) 드래그 활동하기

나. MindMeister(MindMap)

MindMeister는 표준 웹 브라우저에서 실행되는 완벽한 웹 기반 마인드 매핑 소프트웨어이다. 생성한 마인드맵은 온라인 클라우드에 자동으로 저장되며 인터넷에 연결되어 있으면 어디서나 액세스 할 수 있다.

MindMeister는 웹 앱 외에도 iPhone, iPad, Apple Watch 및 Android 장치용 기본 모바일 앱을 제공하므로 어디에서든 지도에 액세스하고 편집하고 발표할 수 있다. MindMeister를 사용하면 무제한의 사용자와 실시간으로 브레인스토밍 할 수 있다. 공동 작업자는 지도를 입력하고 의견을 제공하기 위해 계정이 필요하지 않다. 모든 지도에 대한 보안 링크를 만들고 고객, 외부 또는 핵심 팀에 속하지 않은 다른 사람과 공유 할 수 있다.

MindMeister는 아이디어를 시각화하여 전달할 수 있고 프로젝트 계획 및 전략 수립, 사용자 스토리 및 기능 사양 매핑을 할 수 있으며 효과적인 회의록을 작성하고 프레젠테이션 만들기도 가능하다.

본 교재에서는 MindMeister를 Free 기준으로 사용할 수 있는 것들을 설명한다.

1) MindMap 관련 용어

가) 마인드맵

마인드맵은 정보의 시각적 표현이다. 마인드맵의 주제지도는 항상 캔버스 중앙에 작성된다. 거기에서 관련 아이디어, 키워드 및 메모는 모든 방향으로 나누어진다. 결과는 요약 정보를 알 수 있고 개별 요소를 한 눈에 볼 수 있다.

나) 조직도

클래식 마인드 맵 형식 및 변형 외에도 MindMeister조직도 레이아웃을 제공한다. 이 레이아웃을 선택하면 자주 사용되는 수직 계층 구조가 있는 다이어그램에 마인드맵회사 내 위치를 시각화한다. 이 레이아웃은 또한 사이트 맵 만들기에 활용된다.

다) 주제 / 아이디어

마인드맵의 개별 요소를 '주제' 또는 '아이디어'라고 한다. 지도에 대해 이야기할 때, 우리는 인스턴스에 대해 말할 수 있는 루트주제(지도 중앙에 있는 주제)가 파란색이거나 하위 주제, 특정 주제에 대한 모든 링크는 외부 웹 사이트로 연결된다.

라) 테마

MindMeister의 모든 마인드맵에는 색상 조합, 배경, 주제, 선에 사용되는 스타일 및 글꼴 등등 미리 만들어진 테마를 선택할 수 있다. 또는 테마를 직접 만들수 있다. 브랜드를 만들 수도 있다.

마) 공유 / 초대

기본적으로 모든 마인드맵은 비공개이다. 개인 또는 전체 그룹을 지도에 이메일 또는 안전한 공유 링크를 통해 초대 할 수 있다.

바) 공공지도

당신의 아이디어를 세계와 공유하기 위해, 당신은 당신의 마음지도를 만들 수 있다. 공공의 공개지도는 검색 엔진에서 색인을 생성하고 볼 수 있다. 웹상의 모든 사람을 블로그나 웹 사이트에 포함시킬 수도 있다.

사) 대시보드

(1) 모든 폴더 및 마인드맵에 대한 액세스를 제공한다.
(2) 목록보기와 지도 축소판 사이를 전환하여 마인드맵을 신속하게 생성, 가져오기 및 내보내기가 가능하다.
(3) 광범위한 지도템플릿 라이브러리 찾아보기가 가능하다.

2) 가입

https://www.mindmeister.com/ko 오른쪽 위 회원 가입 선택

[그림 4-63] MindMeister에 가입하기

Google 서비스를 이용해 회원 가입

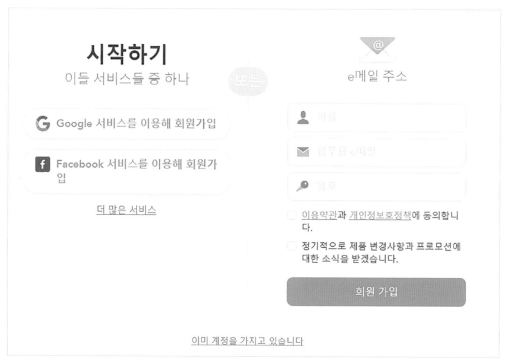

[그림 4-64] Google 로 가입하기

(교사/학생) 본인 Google 계정 넣고 가입

본인 계정 확인 후 이용 약관 동의하면 체크 후 계속 선택
(성/이름 스페이스)

[그림 4-65] Google 계정 선택

[그림 4-66] Google 계정 연결

가입 완료 화면 및 사용 목적(교육) 선택 후 학생/교사 선택하기

[그림 4-67] 활용 목적 '교육' 선택

3) 로그인 후 첫 작업(대시보드에서 폴더 구조 만들기)

[그림 4-68] 개인 대시보드

가) 폴더 구조 만들기

MindMeister에 로그인하면 대시보드가 가장 먼저 보인다.

여기에서 내 맵을 관리하고 구성 할 수 있다. 맵을 시작하려면 폴더 구조 만들기를 한다. 만들어진 데이터 관리 및 유지하는 데 도움이 된다. 대시보드는 처음에는 비어 있지만 "새 마인드맵"을 클릭하여 왼쪽의 사이드 바를 사용하여 만든다.

폴더 간을 빠르게 탐색하고, 즐겨 찾기, 공개지도, 휴지통을 사용할 수 있으며 지도 및 템플릿 라이브러리도 사용 가능하다.

[그림 4-69] 대시보드에 폴더 만들기

4) 첫 맵 만들기(Node Tasking)템플릿

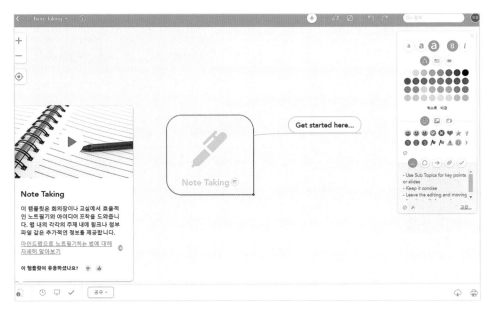

[그림 4-70] 마인드 맵 편집화면

제목 쓰기 : 왼쪽 위 Node Tasking 클릭하고 빈칸에 현재 내 맵 제목 쓰고 새
마인드 맵 선택

[그림 4-71] 마인드 맵 제목 쓰기

화면 왼쪽 하단에 시작하기 선택(화면 가운데 내 최근 마인드 맵 표시)

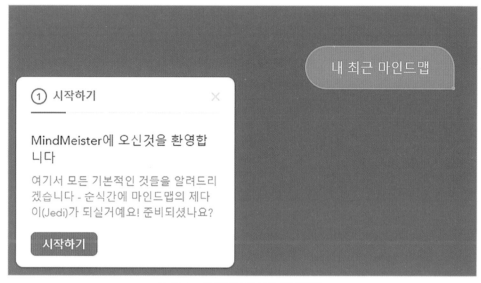

[그림 4-72] 시작 마법사에 따라 진행

제목추가 : Tab과 ENTER (RETURN)으로만 작업 가능
맵 중앙에 제목 쓰고 Enter

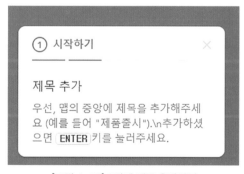

[그림 4-73] 1단계 제목 추가하기

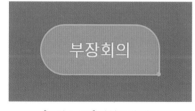

[그림 4-74] 마인드맵 제목

주제 추가 : (Tab) 눌러 주제 추가 후 내용입력 후 Enter

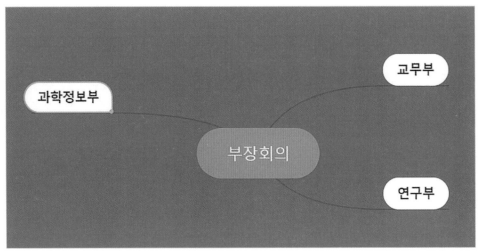

[그림 4-75] Tab을 이용해 아이디어 만들고 Enter로 엔터 추가

동일레벨 주제를 추가하기

동일레벨 : (부장회의아래 과학정보부, 교무부, 연구부 3부서는 동일 레벨)

과학정보부를 선택 후(파란색 테두리) Enter 하면 새로운 주제 추가

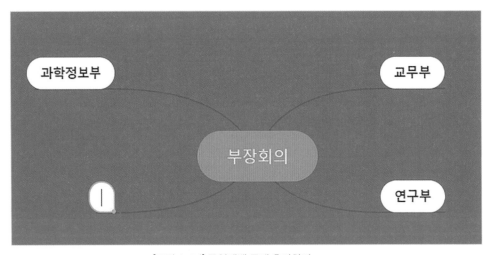

[그림 4-76] 동일레벨 주제 추가하기

동일레벨 주제를 삭제하기

해당 주제에서 Delete 키 선택하면 삭제 가능

다른 사람 초대하기 : 공유를 위해 화면 아래쪽 공유 버튼 활용

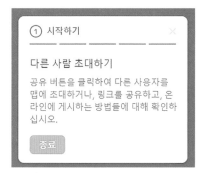

[그림 4-77] 다른 사람 초대하기

[그림 4-78] 화면 하단 공유 선택하여 초대 준비하기

공유 방법 : 이메일/공유링크/소셜미디어

공유설정

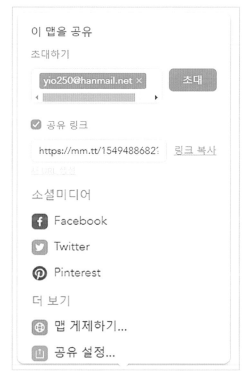

[그림 4-79] 초대 하기

(관리자) 현재 맵에 대한 공유 권한으로 본 맵에 대한 '조회', '편집', '권한 부여' 가능

(공유대상) 링크를 가진 누구나

(공유링크) Web으로 접근 가능한 링크 생성

맵 삽입 새링크 생성(새로운 공유 주소 생성)

[그림 4-80] 공유 설정 하기

(구성원 추가) 공유 대상자 e메일로 추가하면서 권한(편집, 조회)설정과

관련 메시지 e메일로 초대장 보내기

[그림 4-81] 초대하여 구성원 추가 하기

초대 후 상태

[그림 4-82] 초대한 상태

(초대메일) 다음 메일 계정에서 초대된 메일 내용 중 맵 열기 선택 후 초대에 참
여하기

[그림 4-83] 초대 메일

5) 화면 인터페이스 설명

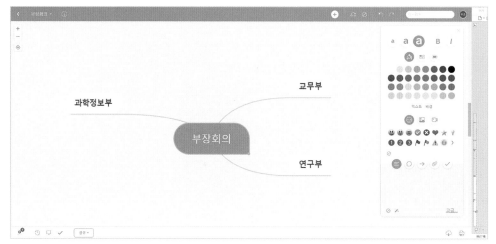

[그림 4-84] 편집 화면

• 화면 확대 축소 : 편집하고 있는 화면 크기를 확대 축소 가능함

[그림 4-85] 화면 축소 확대

• 탑바 : 맵 편집기 상단에 파란색으로 표시된다. 바의 기능을 통해 이동한다.
  왼쪽에서 오른쪽으로 : 왼쪽 모서리에는 뒤로 버튼이 있다. 대시보드로 돌
  아간다.

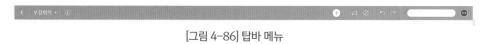

[그림 4-86] 탑바 메뉴

- 다음으로 현재의 이름을 볼 수 있다. 이름을 클릭하면 빨리 열리고, 다른 맵
  으로 전환 할 수 있는 스위처 역할을 한다. 새로 만들거나 빠르게 만들거나
  대시보드를 거치지 않아도 된다.
- 버튼을 누르면 팝 오버가 열린다. 지도 속성에 액세스하여 변경 가능하고 정
  렬 (즉, 다른 것 사이의 전환지도 레이아웃)을 선택하고 다른 지도를 선택한다.

• 맨 왼쪽 지시 : 현재 맵 편집기에서 대시보드로 이동

  부장회의 : 현재 편집 중인 맵 이름표시 및 새 마인드맵 추가 및 기존
마인드 맵 이동 가능

[그림 4-87] 작업 마인드맵

현재 맵의 속성 확인

　(맵) 정렬 방법 : 자유, 정렬, 왼쪽정렬, 오른쪽 정렬, 조직도

[그림 4-88] 마인드 맵 속성

• 테마 : 색상 테마 설정 및 사용자 정의 활용 하여 테마 구성 가능

　　아이디어 추가 : 맵 상에 새로운 아이디어를 추가하는 방법(Tab)

[그림 4-89] 메뉴에서 아이디어 추가하기

[그림 4-90] 맵 테마 사용자화

• 아이디어 간의 관계 추가 : 제시된 아이디어 간 화살표를 활용하여 관계를
  설정하기

[그림 4-91] 아이디어간 화살표 추가하기

• 관계 설정 후 선 색상 변경, 라벨 추가, 연결, 삭제 기능

[그림 4-92] 관계 설정하기

• 아이디어 삭제 : 맵 상에 있는 아이디어 삭제

[그림 4-93] 아이디어 삭제

• 이전 변경사항 설정 취소/최근 변경 사항 재설정 : 작업 되돌리기/다시 실행하기

[그림 4-94] 맵 실행 및 취소

• 검색 : 맵 내 단어 검색

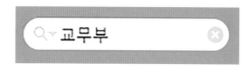

[그림 4-95] 맵 단어 검색

• 맵의 글자 및 텍스트 크기(굵게, 이탤릭), 색깔 속성, 디자인 속성 설정

[그림 4-96] 맵 속성

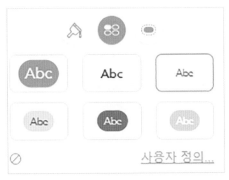

[그림 4-97] 맵 배경 설정

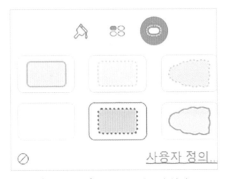

[그림 4-98] 아이디어 테두리 설정

• 맵에 적용된 모습

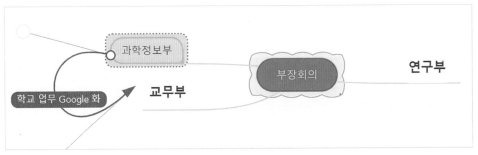

[그림 4-99] 맵 디자인 적용

• 이모티콘/사진/동영상 추가

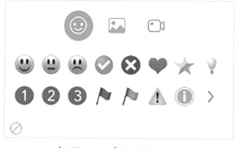

[그림 4-100] 맵 아이콘 추가

[그림 4-101] 이미지 추가

이모티콘은 제공되는 것을 활용하고 사진은 제공되는 것 외 PC업로드, 웹, 그리기, 라이브러리 활용 가능

[그림 4-102] 이미지 라이브러리

• 동영상은 유튜브의 자료는 해당 유튜브를 선택하고 맵에 추가 가능
  검색 칸에 검색어를 쓴 다음 해당하는 유튜브가 검색되면 맵에 선택된 동영
  상 사용 버튼을 클릭

적용한 모습

[그림 4-103] 웹상 동영상 추가

[그림 4-104] 멀티자료 추가 모습

• 메모 추가 : 맵 아이디어에 대한 메모 추가

　(고급) 텍스트, 링크 사진(링크 주소로 추가), 제거

[그림 4-105] 메모 추가

• 맵 피드백 : 투표(좋아요/싫어요)를
  선택하면 오른쪽 화면 확인

[그림 4-107] 반응 표시 2

[그림 4-106] 반응 표시 1

• 링크 삽입 : 고급 선택 후 URL직접 입력,
  주제별 입력 (해당 아이디어에서
  다른 아이디어로 링크 되고 표시 됨),
  e메일 주소

[그림 4-108] URL 삽입

교무부(외부링크)와 연구부(맵 내부링크)에 링크된 상태

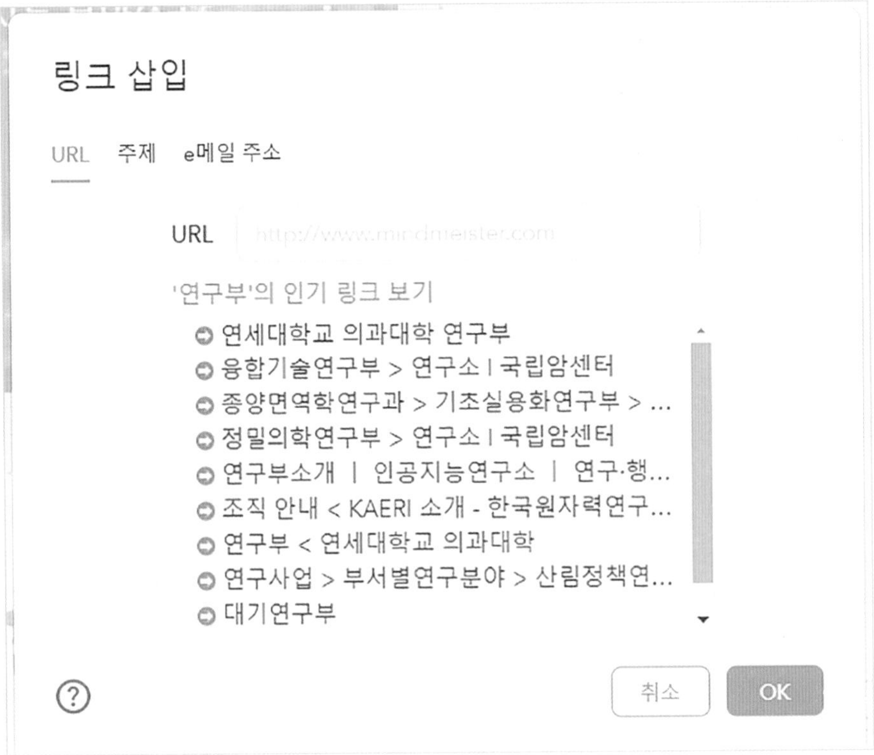

링크 삽입

URL 주제 e메일 주소

URL https://www.mirdmeister.com

'연구부'의 인기 링크 보기
- ➲ 연세대학교 의과대학 연구부
- ➲ 융합기술연구부 > 연구소 l 국립암센터
- ➲ 종양면역학연구과 > 기초실용화연구부 > ...
- ➲ 정밀의학연구부 > 연구소 l 국립암센터
- ➲ 연구부소개 l 인공지능연구소 l 연구·행...
- ➲ 조직 안내 < KAERI 소개 - 한국원자력연구...
- ➲ 연구부 < 연세대학교 의과대학
- ➲ 연구사업 > 부서별연구분야 > 산림정책연...
- ➲ 대기연구부

취소 OK

[그림 4-109] 외부링크 삽입

교무부 →   부장회의   ☺ 연구부 ☰ ○ ○ →

[그림 4-110] 내부와 외부링크 삽입

가) 첨부 파일 : 로컬 파일(작업 device), 드롭박스, 구글 드라이브, 에버노트에서
필요한 파일 첨부 가능(웹 저장소는 구글 계정으로 가입 로그인 가능)

[그림 4-111] 첨부파일

(1) 로컬 파일 : 현재 작업 중인 Device(PC, 폰, 패드) 중 Device의 파일탐
색 앱 활용하여 파일 첨부
(2) 드롭박스 : 드롭 박스 계정으로 로그인 하여 계정 연결 후 드롭박스 저
장된 파일 첨부

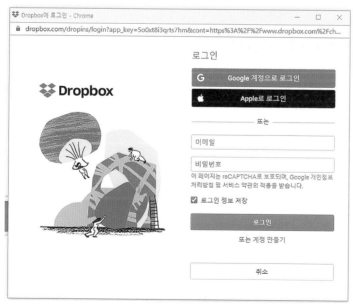

[그림 4-112] 드롭박스첨부

(3) 구글 드라이브 : 본인 구글 계정의 드라이브에 있는 파일 첨부

[그림 4-113] 구글 드라이브 첨부

• 에버노트 : 에버노트 계정과 연결하여 사용

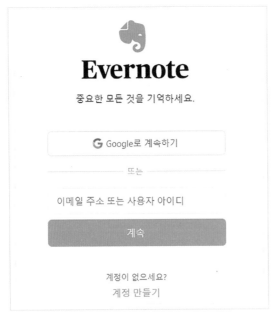

[그림 4-114] 에버노트와 구글 계정 연결

• 화면 아래 인터페이스

[그림 4-115] 화면 하단 메뉴

• 자습서 : MindMeister활용에 대한 설명 학습서

[그림 4-116] 자습서

• 변경이력보기 토글 : 맵의 편집 히스토리를 화면 보기

맵의 빨간 점은 편집 수정된 시점을 나타내며 맵의 수정된 내용 확인 가
능하며 되돌리기 활용

[그림 4-117] 화면작업 변경이력

• 프레젠테이션의 설정 : 현재 맵을 프레젠테이션 생성/ 실행

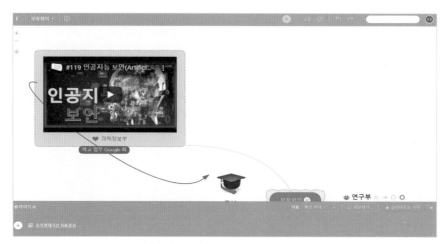

[그림 4-118] 프레젠테이션 설정

• 프레젠테이션 자동생성 : 현재 맵에 구성된 아이디 기준으로 자동 슬라이드 화면 구성

[그림 4-119] 프레젠테이션 자동 설정

현재 4가지 아이디어로 구성된 맵을 4가지 슬라이드로 자동 생성함

[그림 4-120] 프레젠테이션 자동생성

- 프레젠테이션 방법 : 빠른 확대/천천히 확대/(상하좌우)이동/흐릿하게

[그림 4-121] 재생 방법

- 마인드맵 내보내기 : 온라인 마인드맵을 다른 문서 형태로 구글 드라이브 나 내 컴퓨터로 다운로드
- 자주 쓰는 파일 타입 : PDF, 문서개요, MS워드, MS 파워포인트, Image 파일

[그림 4-122] 마인드 맵 내보내기

[그림 4-123] 내보내기 방법

• 슬라이드쇼 시작 : 맵을 슬라이드로 만들어진 것을 실행

하단 인터페이스 중 ▶ 클릭으로 프레젠테이션 실행 가능

[그림 4-124] 프레젠테이션 실행

• 내보내기

• 프린트 : 화면 인쇄(배경 인쇄 선택) 및 PDF 저장

[그림 4-125] 화면 인쇄

• 템플릿 종류

[그림 4-126] 템플릿 종류

• 맵 내의 마인드 맵 속성에서도 배치 가능

(정렬) 자유

[그림 4-127] 자유 템플릿

(정렬) 정렬

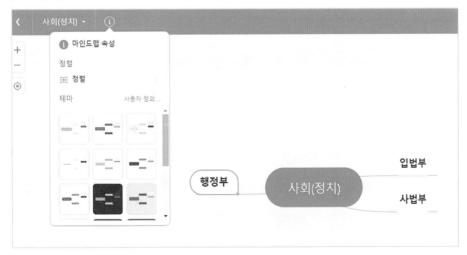

[그림 4-128] 정렬 템플릿

(정렬) 왼쪽정렬

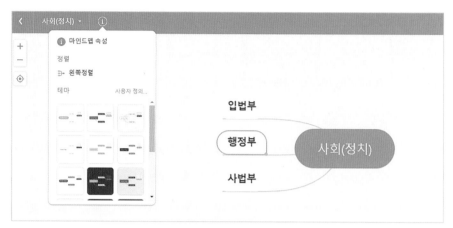

[그림 4-129] 왼쪽 정렬 템플릿

(정렬) 오른쪽정렬

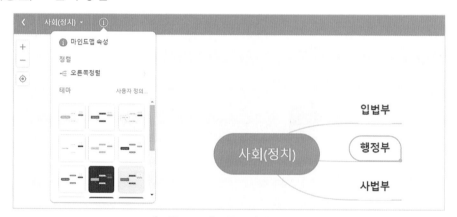

[그림 4-130] 오른쪽 정렬 템플릿

(정렬) 조직도

[그림 4-131] 조직도 템플릿

다. 브레인스토밍

1) 브레인스토밍

브레인스토밍이란 전문적 및 교육적 맥락에서 많이 활용되고 있다. 특정 문제를 해결하기 위해 그룹이 창의적인 아이디어를 생성할 수 있도록 만들어진 기술을 말한다.

1953년 광고 임원인 Alex Faickney Osborn에 의해 대중화되었는데, 그룹의 창조적인 생산량은 개인의 아이디어 생산량 보다 약 50% 더 높을 것이라고 예측하였다.

창업을 위한 작은 기업부터 글로벌 에너지 위기 해결에 이르기까지 모든 유형의 문제와 프로젝트에 대한 아이디어를 생성하는데 사용되고 있다.

아이디어 창출, 의사 결정, 문제 해결을 위한 독창적인 해결책 제시 등에 대한 중요한 개념을 과학적으로 보여주는 가장 효과적인 방법이다.

가) 브레인스토밍 세션은 일반적으로 4 가지 기본 원칙이 있다.

    (1) 많은 양의 아이디어 : 브레인스토밍 세션의 참가자는 가능한 많은 아이디어를 생각해 낼 것을 권장한다.

    (2) 비판하지 않기 : 참가자는 아이디어를 자신의 아이디어와 다른 아이디어로 판단해서는 안 된다.

    (3) 특이한 아이디어를 환영 : 브레인스토밍 세션에서 특이하고 거친 아이디어가 많이 권장

    (4) 결합, 개선 : 브레인스토밍 참가자는 서로의 아이디어를 결합하거나 서로의 의견속에서 좋은 점을 찾아본다.

나) 온라인 브레인스토밍 과정은 직접 대면 브레인스토밍과 비교했을 때 창의적 결과를 표준 편차보다 거의 50% 증가시키는 것으로 밝혀졌다.

[그림 4-132] 마인드 마이스터 초기화면

다) 수업 활용

온라인 브레인스토밍을 위한 가장 효과적인 방법으로는 Google 문서 도구(선형 메모의 경우), 온라인 화이트보드(빈 캔버스에 무작위로 배열된 키워드의 경우) 또는 스티커 메모 도구(강력한 펜의 경우)와 같은 다양한 유형의 협업 소프트웨어가 있다.

라) 효과적인 마인드 맵

(1) 마인드맵은 아이디어의 구조와 계층을 제공하고 훌륭한 개요를 제공한다. 모든 아이디어는 한 페이지에 표시된다.

(2) 마인드 맵 형식은 인간 두뇌의 작동 방식을 반영한다. 새로운 아이디어는 협회를 통해 쉽게 생성 될 수 있다 .

(3) 마인드맵은 색상, 아이콘 및 이미지를 사용 한다. 이것들은 스스로 새로운 아이디어를 촉발시킬 수 있는 협회, 감정 및 내포를 유도 할 수 있다.

(4) 마인드맵을 사용하면 맵 어디에서나 아이디어를 추가 할 수 있다 . 가장 적합한 곳에 삽입하고 관련 아이디어를 쉽게 그룹화 할 수 있다.

2) MindMeister 응용

가) SAML(Security Assertion Markup Language) 싱글 사인온 통합지원으로 서비스 공급자(MindMeister)와 ID공급자(Google) 두 회사 간 인증 및 권한 부여 가능하여 인증 정보는 디지털 서명 된 XML 문서를 통해 교환된다. 대부분 기업과 기업 간에 원활한 인증이 가능하다. SAML을 사용하면 인증 자격 증명을 입력하거나 암호를 기억하고 재설정하는 것에 대해 걱정할 필요가 없다.

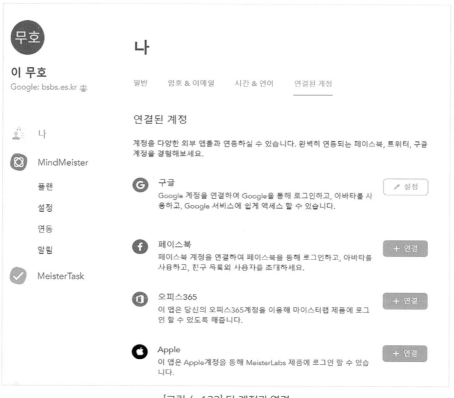

[그림 4-133] 타 계정과 연결

3) MindMeister 활용

MindMeister는 모든 Workspace 계정에 설치하기 위해 Workspace Market
-place에서 사용할 수 있다.

Workspace 계정에 MindMeister를 추가하면 여러 가지 이점이 있다.

1. Workspace 계정으로 싱글 사인온
2. 구글 드라이브와의 완벽한 통합

기존 MindMeister 계정을 Workspace와 연결하는 방법

  가) Workspace Marketplace에서 MindMeister를 설치한다.

  나) MindMeister 이메일 주소를 Workspace에서 사용 중인 이메일 주소로
    변경한다.

    MindMeister에서 Google 이메일 주소가 성공적으로 변경되면 Workspace
    이메일 주소로 MindMeister에 로그인 할 수 있으며 MindMeister는 구글
    드라이브에 연결된다.

4) 구글 드라이브와 연결

MindMeister를 구글 드라이브와 통합하면 구글 드라이브에서 직접 마인드맵을 생성하고 열 수 있으며 전체 맵 라이브러리를 동기화하고 모든 맵을 백업 .zip 파일로 내보내거나 구글 드라이브에서 파일을 첨부 할 수 있다.

- MindMeister를 구글 드라이브와 연결

"내 계정"에서 MindMeister 연동 선택 후 연동 목록에 "구글 드라이브"가 나타날 때까지 아래로 스크롤 한 다음 옆에 있는 파란색 + 추가 버튼을 클릭한다.

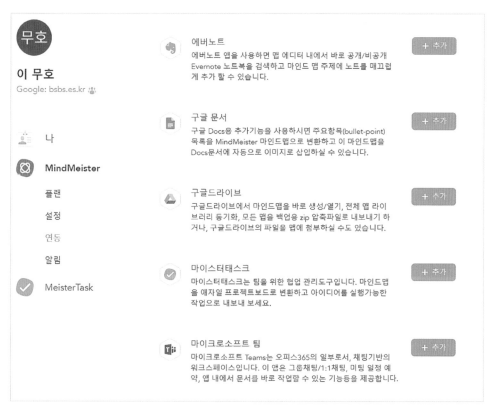

[그림 4-134] 구글 드라이브 연결

가) 다음 페이지에서 "Google 인증"을 클릭 한 다음 연결하려는 Google 계정을 선택한다. 모든 마인드맵과 동기화 선택, 구글 드라이브에 있는 폴더 중 마인드맵을 저장할 폴더 선택, 파일 형식 선택 후 저장한다.

[그림 4-135] 구글 드라이브 연동

나) 메뉴에 MindMeister가 보이지 않으면 "더보기"위로 마우스를 가져간 다음 사용 가능한 앱 목록에서 MindMeister를 선택한다.

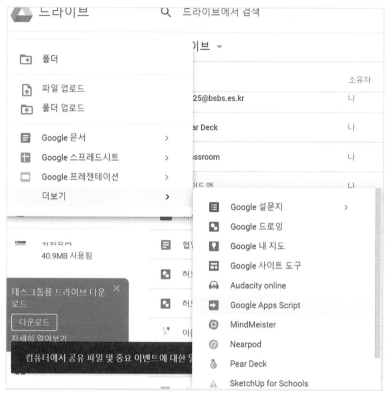

[그림 4-136] 구글 드라이브에서 마인드 맵 만들기

〈구글 드라이브에서 마인드 맵 만들기〉

① 새로운 마인드맵이 생성되며 자동으로 맵 편집기로 리디렉션 된다.

② 구글 드라이브에서 MindMeister 만들기를 선택하면 Web MindMeister 로그인 상태 화면이 실행된다.

③ MindMeister를 구글 드라이브에 연결하면 문서, 스프레드시트 및 슬라이드 쇼를 만들 때와 같은 방식으로 드라이브에서 마인드맵을 만들 수 있다.

④ 구글 드라이브에 현재 작성 중인 '구글 드라이브 활용' 맵에 저장된다.

[그림 4-137] 구글 드라이브에 저장된 맵

이 방법으로 생성 된 모든 새로운 마인드맵은 MindMeister 계정과 구글 드라이브에 자동으로 저장된다.

다) 구글 드라이브에서 기존 지도 열기

MindMeister를 사용하여 구글 드라이브에 저장된 마인드맵을 직접 열 수 있다. 이렇게 하려면 마인드 맵 파일을 마우스 오른쪽 버튼으로 클릭 하고 "연결 프로그램" > "MindMeister"를 선택한다.

[그림 4-138] 구글 드라이브에서 기존 지도 열기

(1) 마인드맵을 구글 드라이브로 내보내기

[그림 4-139] 구글 드라이브로 마인드 맵 내보내기

마인드맵을 내보내기를 통해 구글 드라이브로 직접 내보낼 수 있다.
(화면 인터페이스 참고)

(2) 기타 기능
· 모바일 앱 : 활용과 공유가능 (Android & Apple)
· 애플워치 앱과 연동 가능
· 실시간 협업 활성화(iOS 앱) : 설정/실시간 동기화 활성화하기

라. Khan Academy

1) 칸 아카데미(Khan Academy)

2006년 살만 칸이 만든 비영리 교육 서비스로, 조카에게 수학을 가르쳐 주기 위한 것으로부터 시작 되었다. 초·중·고교 학생들의 수준에 맞게 컴퓨터공학, 금융, 역사, 예술, 수학, 화학, 물리학 등 4000여 개의 동영상 강의를 제공하고 있으며, 미국과 더불어 한국 칸 아카데미로 활용할 수 있다.

2) 칸 활용

Google 아이디나 페이스북 아이디 혹은 이메일로 회원가입 할 수 있고, Google 클래스룸과 연동하여 활용할 수 있다.

수학은 (원하는 사람만) 동영상을 본 후 수학 문제를 직접 풀 수 있고, mastered (수료) – level two(레벨 2) – level one(레벨 1) – practiced(연습함) – not started (시작 안함) 수준으로 나누어 보통 한 주제당 70-100여개의 유형을 연습하여 활용 가능하다.

처음에 연습에서는 3~5 문제를 연속으로 맞혀야 하며 그 이후의 Mastery Challenge에서는 한 주제 유형에 따라 보통 주어진 한 문제를 맞히면 단계가 올라가거나 내려간다.

3) 칸과 Google 연동

Google 클래스 생성 → Google 클래스 학생 가입 → 칸 아카데미 교사 반 생성 → 칸 아카데미 반 가입(ko.khanacademy.org/join) 이동 후 클래스 코드 EAGD4Y4T 입력 하게 하기

가) 선생님 로그인

[그림 4-140] 칸 아카데미 홈페이지

나) 구글 로그인

[그림 4-141] 칸 아카데미 로그인 화면

다) (선생님) Google 계정 액세스 권한 요청 팝업/허용

[그림 4-142] Google 계정과 연동

라) (선생님) 구글로 로그인 후 '새로운 클래스 추가'선택

[그림 4-143] 새로운 클래스 추가 선택

마) 구글 클래스룸에서 클래스 불러오기(구글 클래스룸 연결) 선택

[그림 4-144] 클래스 불러오기

바) 교사가 만든 구글 클래스룸과 연결 선택

[그림 4-145] 구글 클래스룸과 연결 선택

사) 연결된 구글 클래스룸의 학생들이 칸아카데미 사용하기 위한 안내 (학생 구
    글 메일로 칸아카데미 가입 메일 전송되어 학생들이 가입할 수 있게 안내)

[그림 4-146]
학생이 구글로 칸아카데미에 연결하기

아) 연결한 클래스룸에 추가할 칸 아카데미의 수학 콘텐츠 코스 선택하기

[그림 4-147] 칸 아카데미의 수학 콘텐츠 코스 선택

자) 칸 아카데미에 학교 추가 (다른 국가/Korea(South))선택 후 저장

[그림 4-148] 국가 선택

차) 학생 명단 화면 이동 후 학생들이 등록되는 지 확인

[그림 4-149] 클래스룸 등록 확인

카) 교사가 등록한 클래스 (구글 클래스 포함)

[그림 4-150] 클래스 완료

타) 생성된 칸 아카데미 클래스

[그림 4-151] 칸아카데미에 완성된 클래스

파)클래스/학생/자료 (메인메뉴)

[그림 4-152] 칸 아카데미 클래스에 가입된 학생 명단

하) 활동개요 : 칸 아카데미 클래스 소속 학생의 수업 활동 요약(총 학습시간/
　　스킬 레벨 업/진도 나가지 않은 스킬)

[그림 4-153] 클래스 활동 개요

거) 코스 마스터리 : 교사가 지정한 수학 학습 과정이 설정(배치)된 내용이 제
　　시되고, 주어진 코스의 90%이상을 완수하기 위한 목표 만들기도 설정 할
　　수 있다.

[그림 4-154] 클래스 코스 학습목표 만들기

너) 코스 마스터리 진도메뉴를 통하여 현재 학습 내용의 정도를 그래프와 수치로 확인이 가능하다.

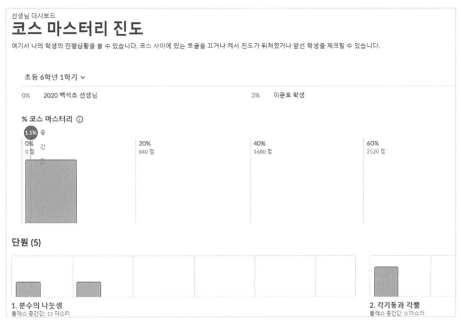

[그림 4-155] 클래스 학습 코스 진행 현황

더) 과제 : 교사가 학생에게 주어진 코스에 대한 차시별 과제를 제출할 수 있다.

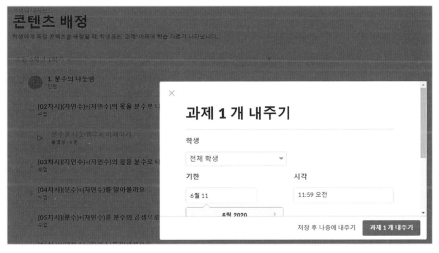

[그림 4-156] 칸 아카데미 과제 내주기

러) 과제 점수 : 주어진 과제에 대한 점수를 확인 할 수 있다.

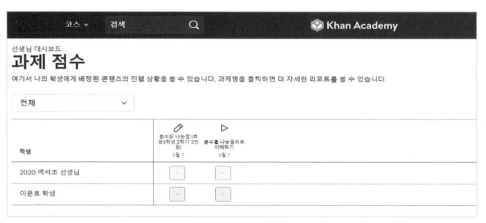

[그림 4-157] 과제점수

머) 과제 관리 : 제출된 과제들을 관리하는 곳으로 학생들의 과제완료 상태와 보고서를 볼 수 있으며 교사가 같은 과제를 반복출제하거나 수정 하여 제출 가능(상태변경)하다

[그림 4-158] 과제 관리 화면

버) 프로젝트 : 학생들이 공유한 콘텐츠 활용

학생 : 칸 아카데미 클래스에 등록한 학생명단 리스트

아래와 같이 보류 중인 학생은 칸 아카데미에 방문하여 교사가 개설한 칸 아카데미 클래스에 가입할 수 있도록 한다(반 초대 코드 활용)

서) 설정

클래스 정보 : 칸 아카데미 클래스 이름과 클래스 코드 정보

[그림 4-159] 클래스 설정 관리

어) 코스 : 학생들이 학습할 코스 제시, 바꾸기 가능

학생 데이터 다운로드 CSV 파일로 다운로드 가능

SAT 시험 준비 : 필요에 의함(영문)

Google 클래스룸과 동기화 : 설정하여 Google 클래스룸 기능 활용 가능

이메일 : 주간 클래스 요약한 내용을 받아 봄

저) 클래스 : 칸에서 개설한 클래스

코스 선택

나의 클래스에 코스 추가

칸아카데미에는 유치원에서부터 14학년까지 수준의 수학과 과학, 역사, AP®, SAT®외 여러가지 과목외 콘텐츠가 있습니다.

한국 학년별 수학	수학	미국 학년별 수학
☐ 초등 1학년 1학기	☐ 기초 수학	☐ 미국 유치원
☐ 초등 1학년 2학기	☐ 연산	☐ 미국 1학년
☐ 초등 2학년 1학기	☐ 기초 대수학 (Pre-algebra)	☐ 미국 2학년
☐ 초등 2학년 2학기	☐ 대수학 입문 (Algebra basics)	☐ 미국 3학년
☐ 초등 3학년 1학기		☐ 미국 4학년
☐ 초등 3학년 2학기	☐ 대수학 I	☐ 미국 5학년
☐ 초등 4학년 1학기	☐ 대수학 2 2019	☐ 미국 6학년
☐ 초등 4학년 2학기	☐ 삼각법	☐ 미국 7학년
☐ 초등 5학년 1학기	☐ 기초 기하학	☐ 미국 8학년
☐ 초등 5학년 2학기	☐ 선형대수학	
☑ 초등 6학년 1학기	☐ 확률과 통계	
☑ 초등 6학년 2학기		
☐ 중등 1학년		
☐ 중등 2학년		
☐ 중등 3학년		
☐ 수학의 세계		

| 컴퓨팅 | 테스트 준비 | 나의 코스가 목록에 없습니 |

저장

[그림 4-160] 클래스에 학습 코스 추가 하기

4) 학생 칸 아카데미 클래스 가입하기

(링크복사 활용 않기 – 칸 아카데미 가입으로 이동)

가) (학생)ko.khanacademy.org/join 칸 아카데미 클래스 가입 사이트 이동

[그림 4-161] 학생들이 Google 클래스 가입하기

나) 클래스 코드 EAGD4Y4T 입력하고 엔터

[그림 4-162] 학생들이 Google 클래스 가입하기

코드를 입력 후 엔터를 누르면 가입 연동된 Google 클래스룸이 열리고
생년월일 입력 후 가입 학생 Google계정으로 로그인하기

다) 칸 아카데미에서 Google 계정 접근 권한 요청(칸과 Google 연동)
　　 허용 선택

라) 칸 아카데미 Google 클래스와 연동 환영 메시지 확인

[그림 4-163] 학생 환영 메시지 확인

마) 학생 본인 상태 화면 확인하고 수학 코스 선택

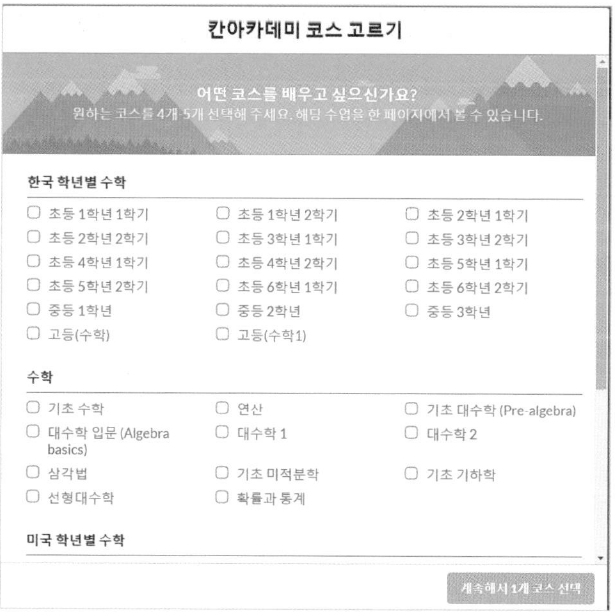

[그림 4-164] 학생에게 주어진 코스 화면

바) 선택한 수학 나의 코스 보임

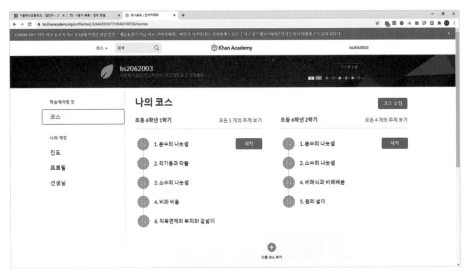

[그림 4-165] 학생 코스 화면

사) 시작 선택 후 학습 동영상 시청

[그림 4-166] (학생)학습관련 자료 표시

아) 동영상 플레이 선택 후 학습동영상 시청

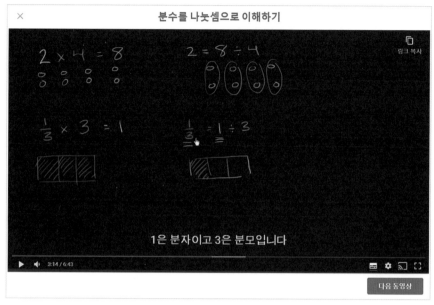

[그림 4-167] 학습관련 동영상 시청

자) 수업 페이지로 가기

[그림 4-168] (학생) 수업 페이지에서 확인

차) 연습 문제 시작

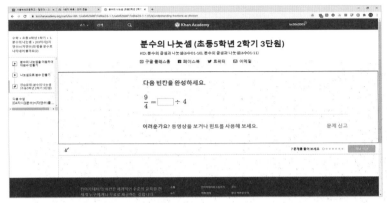

[그림 4-169] 연습문제 풀기

카) 정답 입력 후 정답 확인 선택하고
틀릴 경우 도움 받기 혹은 건너뛰기 선택

[그림 4-170] 정답확인

타) 오답시 피드백

[그림 4-171] 오답시 피드백 확인

파) 마지막 요약 보기(맞힘 개수/에너지 포인트 확인)

[그림 4-172] (학생) 연습문제 피드백

5) 교실 사용 절차

가) Google 클래스룸 학생을 가입시키기

나) 칸 아카데미 클래스룸 가입시키기

다) 반 전체 학습할 코스 제시하기

라) 부진 학생에게 개별과제 문제 제시 활용

마) (학생 프로필) 출석률/스킬 수준에 따른 배치 확인

바) (학생) 진도 확인

사) 진단평가 보기 :

    코스 챌린지 시작(30문항) → 부진학생 부진 학년 및

    단원 수업 전 확인

5) 칸 아카데미 교실 교사 운영

가) 코스 마스터리 배치 : 운영교사가 본인 학급의 학생의 학습 코스, 목표, 기
　　 한 설정 가능
　　• 과정 : 교사로그인/코스/코스 마스터리 배치/ 배치 선택 후 목표만들기

[그림 4-173] 학습 코스 목표 만들기

　　• 코스 마스터리 배치 된 목표 만들기

[그림 4-174] 코스 마스터리 목표 만들기

나) 목표 만들기(목표 코스, 대상학생, 기한 설정)

[그림 4-175] 코스 마스터리 목표 코스, 대상학생, 기한 설정 후 목표만들기

다) (교사) Google 클래스룸으로 과제내주기

　(1) (교사) 과제 내주기/콘텐츠 배정/차시 선택/과제내주기 활성화 되면 선택

[그림 4-176] 교사가 콘텐츠 배정

과제 1개 내주기

클래스 선택/대상학생 선택/기한 선택/ 시각 선택/과제 1개 내주기

[그림 4-177] 과제 내기

• 알림 창에 Google 클래스 과제 제출 알림

[그림 4-178] 칸 아카데미에서 알맞은 콘텐츠 선정하고 알림

(2) (학생) 칸 아카데미 클래스 가입 된 후/교사가 학습 코스 배정 후
　　학생 로그인 화면

(가) 나의 코스 마스터리 : 나에게 주어진 학습 코스/ 진행정도/ 목표

[그림 4-179] (학생) 교사가 주어진 목표, 콘텐츠, 과제 등이 보임

(나) 나의 과제 : 교사가 개별 또는 전체 배정한 과제(수업동영상 & 연습문제)
　　확인, 동영상 skip하면 다음 과제 진행 안 됨

[그림 4-180] 나의 과제

(다) (학습해야 할 것) 코스 : 교사가 학기별 배정한 전체 코스 확인

[그림 4-181] 나의 코스

(라) (진도) 프로필을 통하여 진행 중인 학습활동의 정도를 파악가능

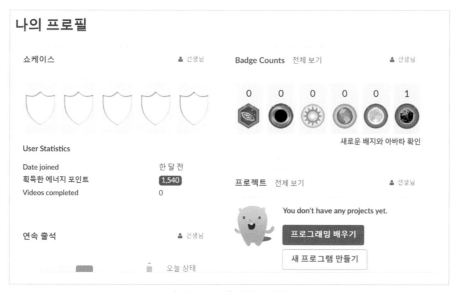

[그림 4-182] 나의 프로필

(선생님) 현재 클래스의 선생님

나의 선생님

선생님은 여러분의 모든 칸아카데미 데이터에 접근할 수 있습니다.

나의 학생 ID는 kaid_12071677551553365112814221입니다.

클래스 참여

| 코드 (EK3ST7QU) 또는 이메일 (teacher | 클래스 참여 |

학부모 또는 보호자를 추가하시겠습니까?

오른쪽 상단에 있는 yio25000 메뉴를 열고 학부모 또는 보호자를
추가하려면 설정 를 클릭하세요.

나의 선생님

yio250   삭제

[그림 4-183] 현재 클래스의 선생님

나의 진도 더 알아보기

최근 활동은 아래에 나타나는데 10분정도 걸릴 수 있습니다.

활동	날짜	LEVEL	변경	CORRECT/TOTAL PROBLEMS	시간 (분)
▶ 분수를 나눗셈으로 이해하기 연산	6월 10, 2020 at 오후 2:17	-	-	-	3

[그림 4-184] 나의 학습 현황

기타 Smart 교육활용

기타 Smart 교육활용

가. NAS 활용

1) NAS란?

Network Attached Storage라고 하며 네트워크를 통하여 스토리지를 활용할 수 있는 방법으로 네트워크에 또 다른 PC 하드 드라이브 역할을 하는 장소를 말한다. 이렇게 컴퓨터와 직접연결해서 쓰는 것을 DAS(Direct Attached Storage)라고 한다.

과거에는 작은 규모의 기업에서 만들어지는 문서를 서로 공유해서 활용하기 위한 저장소 등의 목적으로 사용하였다. 보통은 리눅스 OS를 활용하여 서버를 만들어 사용한다.

[그림 5-1] NAS
https://cdn2.techbang.com/system/
excerpt_images/8976/inpage/0bb4942f577f3
6857b44c488493ef22e.jpg?1334136762

2) NAS 용도

NAS는 처음에는 여러 사람이 서로간의 공유할 데이터를 쉽게 활용하기 위해 사용되었다. 윈도우 OS 등 PC 운영 체제에서도 공유 폴더 설정이나 파일 서버를 꾸미는 등을 통해 같은 기능을 제공한다.

학교환경의 PC에 쓰이는 윈도우 OS에서는 네트워크 공유를 기본적으로 활용하였다. 윈도우/탐색기/네트워크를 열게 되면 네트워크상에 공유된 장치들이 보인다.

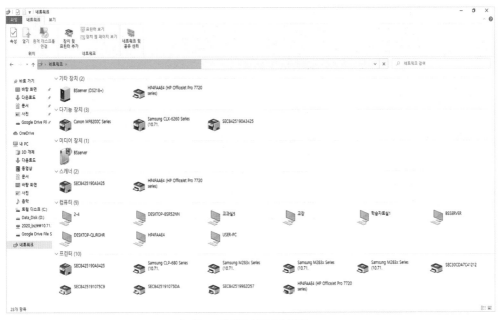

[그림 5-2] 네트워크 PC 현황

하지만 서로의 PC를 공유함에 있어 개인 정보관리나 보안상 위험해 질 수 있는 환경이고 각 개인 PC에서 발생되는 문서를 체계적으로 관리하기 힘들다.

그리고 위와 같은 상황에서 어떤 PC를 공유 폴더로 사용 한다면 24시간 지속적인 접근이 보장되어야 하고 지속적인 네트워크 접근이 필요하기에 뛰어난 서버가 필요하고 전력 소비량이 많고 구매 비용도 비싸며 관리에도 손이 많이 든다.

하지만 NAS는 처음 네트워크에 간단히 연결되고 초기 설정만 하면 학교에서 운영하는 윈도우 PC와 효과적으로 네트워크 드라이브로 활용할 수 있어 데이터를 공유하는 방법에 있어 가성비가 뛰어나다.

일단 개인 PC는 공유하지 않으면서 학교 업무에서 발생되는 업무별 문서와 행사 및 기타 사업들에 대한 연도별 분류를 하므로 다음 해 업무를 맡게 되는 사람이 현황파악을 쉽게 할 수 있을 것이다.

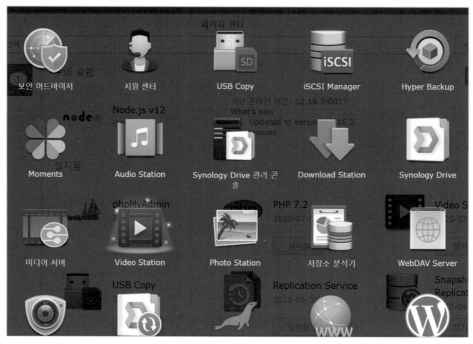

[그림 5-3] NAS 기능들

윈도우 OS 환경에 가장 쉽게 적응 된 '윈도우 탐색기' 활용에 있어 네트워크 드라이브를 추가하여 쓸 수 있는 NAS를 구축하는 방법이 스마트한 업무와 효율적인 학교 내 데이터 관리에 도움을 줄 수 있다.

또한 NAS는 USB와 같은 물리적인 저장장치가 필요 없어 네트워크 접근만 가능하다면 학교 네트워크 내 어디서든 저장소 역할을 하도록 되어 있다.

뿐만 아니라 NAS OS에서 지원하는 다양한 App을 통하여 토렌트, 데이터 백업, 웹 서버를 통한 홈페이지 운영, 이메일 서버, 클라우드 식 오피스, 가상머신 활용 영상 스트리밍, 가상머신, 이메일 서버 등을 구현할 수 있다.

NAS를 활용하더라도 학교의 제한적인 네트워크 상황으로 인해 모든 것을 구현하기에는 어려움이 있지만 NAS 운영에 일반적으로 사용되는 Linux 활용에 대한 기본 지식 정도는 갖추어야 할 것이다.

3) NAS 종류

현재 대표적인 NAS로는 시놀로지(Synology), 큐냅(QNAP), ipTIME, 시게이트(Seagate)등이 있다.

시놀로지는 대표적인 NAS 활용 장비로 국내에서 활용이 가장 많으며 관련 활용 방법에 대한 안내가 가장 많이 있다. 기타 NAS 제품을 활용하다 결국 시놀로지 제품을 선택하는 경우가 많은 편이다.

시놀로지는 다양한 NAS의 하드웨어 스펙(CPU,램 등)과 하드드라이브 베이(설치 개수)가 12개까지 설치 가능하나 학교에서는 2개 지원 수준에서 활용도 용이하다. 본 서적에서는 본교에 설치된 시놀로지 218+를 기준으로 설치과정을 설명하려 한다.

[그림 5-4] 다양한 NAS 종류

4) 학교에 파일서버(시놀로지) 구축 과정

본교에 시놀로지 접속한 모습

[그림 5-5] PC 탐색기에 NAS가 네트워크 드라이브로 설정

① 시놀로지 기기 구조 및 네트워크 접속

② DSM 설정과정 – 학교 윈도우 접속을 위한 smb 프로토콜, mac 프로토콜 설정

③ 초기 웹 접속

가) 권한 설정

① 사용자 등록

② 개인(윈도우)PC와 NAS 연결을 위해 개인 PC에서 제어판/sbm 설치

③ 탐색기/네트워크 드라이브 설치/ 네트워크 드라이브 확인

(1) 시놀로지 DSM

　① 접속방법

　② 화면 구조

　③ 각 역할

나) 시놀로지 App 활용

(1) 백신 App

(가) 개요 : NAS 스캔하기

[그림 5-6] NAS 바이러스 검색

(나) 설정 : (필수) 스마트 스캔 활성화 (새 파일 또는 수정한 파일만 검사)

　　　　(필수) 스캔하기 전에 바이러스 정의 업데이트(NAS 검색 전에 새로
운 바이러스에 대한 정보 업데이트 후 스캔하기)

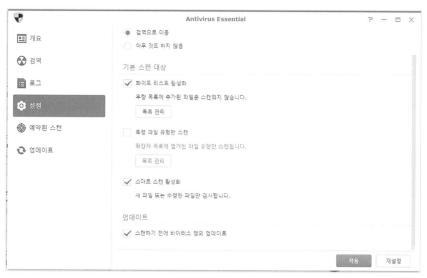

[그림 5-7] NAS 스캔 설정

(다) 예약된 스캔 : 예약시간을 근무시간외 주말로 설정하여 NAS의 주기적인
바이러스 검색 작업 설정 필요

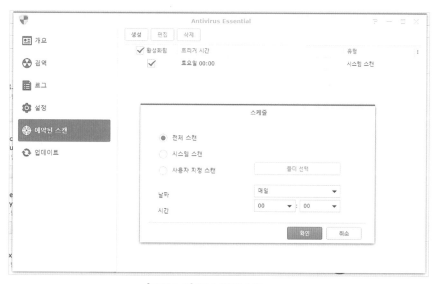

[그림 5-8] NAS 예약 스캔

(라) 업데이트

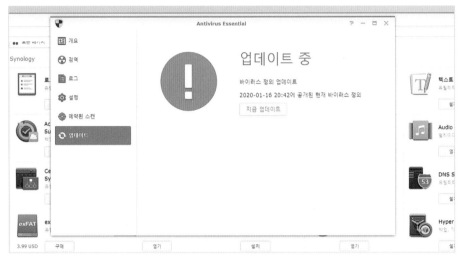

[그림 5-9] 백신 업데이트

(2) 삭제 및 백업관리를 위한 App
  (가) #recycle(휴지통) 활용
    휴지통 활성화 : 제어판/공유폴더

[그림 5-10] NAS 백업 관리

공유폴더를 선택하고/편집메뉴 선택하여 추후 학교 모든 PC에서 접근할 수 있
도록 설정

[그림 5-11] 공유할 폴더 설정

편집/휴지통 활성화(관리자 전용으로 액세스 제한하여 무분별한 액세스 제한)

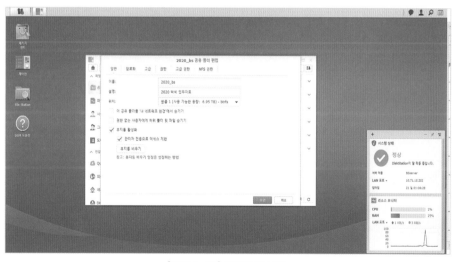

[그림 5-12] 휴지통 활성화

[그림 5-13] NAS 관련 패키지

① 로컬 저장소에 백업하기

자료의 중요도에 따라 백업 일정 및 회전을 설정하여 자료를 백업하고 있다. 자료의 특징에 따라 매일 매일 쌓이는 자료는 매일 새벽 시간에 백업을 설정하고 자료의 변화가 없는 것은 한 달에 1번 백업을 진행하도록 설정한다. 저장될 때 마다 다른 버전의 백업이 생긴다.

② 외장 USB HDD에 모든 자료를 백업하기

NAS에 저장된 데이터가 기계적인 문제가 생길시 복원하기 힘든 경우 2차 백업으로 외장 USB HDD 백업도 사용할 수 있다. 랜섬웨어 감염 방지를 위해 외장 USB HDD 백업이 완료된 후 '자동 연결 해제' 기능도 적용할 수 있다.

설치완료(열기 선택)

(백업 하는 곳 설정) 백업 대상 선택(백업을 하고자 하는 대상 선택, 즉 NAS에서 공유하고 있는 폴더를 선택하기) 백업 저장 위치를 NAS 저장소(NAS의 공유 폴더 외 저장영역) 또는 외부로 저장하는 USB 외장 HDD인 경우 '로컬 폴더 및 USB'를 선택하면 된다.

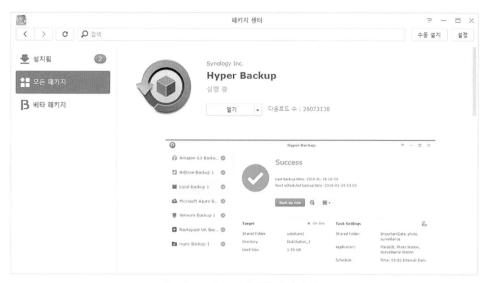

[그림 5-14] 하이퍼 백업 패키지 설치

그 외에는 필요한 경우에 따라 선택해서 진행하면 된다.

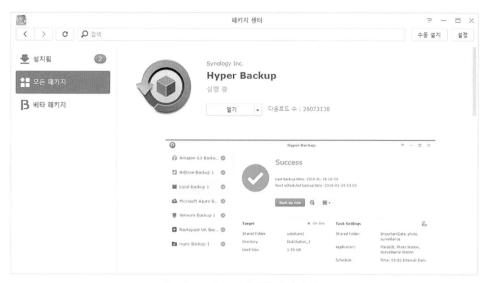

백업 마법사 ✕

백업 대상
백업 대상 유형을 선택하십시오.

▽ 검색

Synology

🏛 로컬 폴더 및 USB   🖥 원격 NAS 장치

🏛 로컬 폴더 및 USB(단일 버전) ☁ Synology C2 클라우드 백업

파일 서버

R rsync   📋 WebDAV

R rsync 복사(단일 버전)   📦 OpenStack Swift

Cloud Service

🏴 Amazon Drive   ❖ Dropbox

다음   취소

[그림 5-15] 백업 대상 설정

(백업해야 하는 것) 백업 대상 설정(학교에서 네트워크 드라이브로 활용예정인 NAS의 폴더 선택)

[그림 5-16] 백업 폴더 설정

데이터 백업할 폴더 선택

[그림 5-17] 백업 폴더 선정

응용 프로그램 백업(NAS 설치 후 설치된 App이 있다면 체크 후 같이 백업)

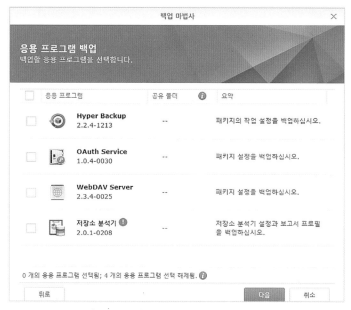

[그림 5-18] 백업할 파일 및 패키지 설정

백업하는 방법 설정 : 메뉴에서 ((필수)작업 알림 활성화/백업데이터 압축/백업 일정 활성화/일정 무결성 검사 활성화(데이터검사))를 선택

[그림 5-19] 백업 방식 설정

(백업) 회전 설정

백업 회전 활성화(백업이 반복되며 지우는 순환 구조 활성화)

◉ **가장 초기 버전에서** 를 선택하면 누적되는 백업이 삭제되지 않으나 용량에 따라 Smart Recycle을 선택하여 추후 활용 가능

[그림 5-20] 백업 회전 설정

백업 설정 완료

[그림 5-21] 백업 설정완료

기타 스냅 샷 리플리케이션(Replication)을 활용하여 백업도 가능하다.

5) PC 네트워크 드라이브 연결

가) 윈도우 탐색기/내 PC/오른쪽 마우스 메뉴/네트워크 드라이브 연결 선택

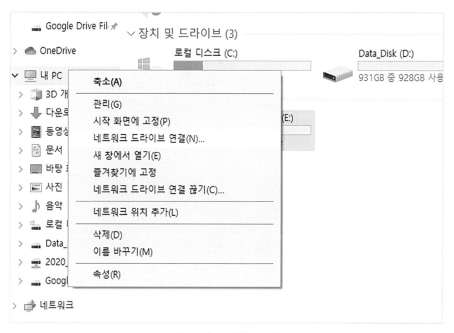

[그림 5-22] PC에서 NAS와 연결 1

나) 네트워크 드라이브 연결 창 열림/드라이브명 정하고/폴더에 설치한 NAS
IP를 입력한다. 네트워크에서 ₩표시 2개는 컴퓨터이름을 나타내고, 하나
는 경로를 나타낸다. NAS 주소를 입력하고 찾아보기를 누르면 폴더 찾아
보기 창에서 학교 NAS가 네트워크로 연결 되어 있는 것이 확인된다.

₩₩192.160.00.00
₩₩아이피 주소

[그림 5-23] PC에서 NAS와 연결 2

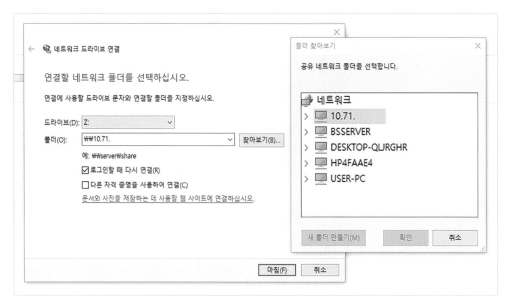

[그림 5-24] PC에서 NAS와 연결 3

다) 내 PC 네트워크 드라이브로 쓸 학교 NAS 공유 폴더를 선택한다.

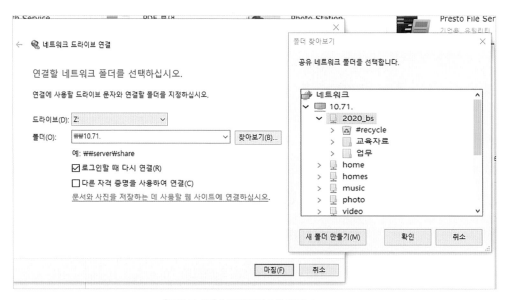

[그림 5-25] PC에서 NAS와 연결 4

라) NAS 공유 폴더를 선택하고 네트워크 드라이브 폴더로 지정되면 마침을 누르고, (필수) ☑ **로그인할 때 다시 연결(R)** 을 체크 후 컴퓨터 부팅 후 자동 연결 되게 설정한다.

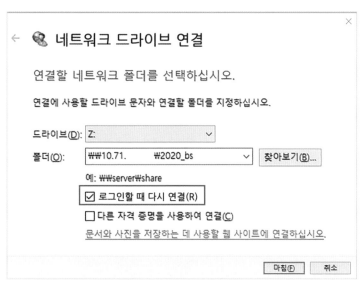

[그림 5-26] PC에서 NAS와 연결 5

마) 네트워크 드라이브로 지정된 드라이브를 탐색기에서 확인 후 드라이브를 선택하면 탐색기의 하드드라이브처럼 사용이 가능하다.

[그림 5-27] PC에서 NAS와 연결 6

바) NAS에 접속 후 폴더가 보임

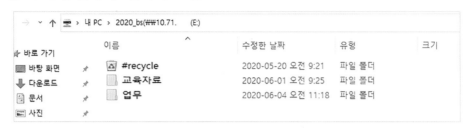

[그림 5-28] PC에서 NAS와 연결 7

사) 네트워크 드라이브 연결 끊기

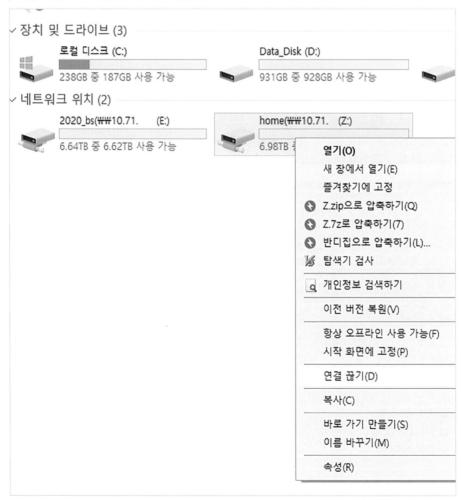

[그림 5-29] PC에서 NAS와 연결 8

6) 사용 시 주의할 점

가) NAS 설치 후 각 교사가 NAS로 접근하기 위한 계정관리가 필요하다. 각 교사(User)의 계정을 발급한다.(ID는 개인 이름(한글가능)/비번은 기본 설정)

나) NAS에 업로드 및 사용에 대한 정책을 만든다. 개인 PC는 공유하지 않게 설정하고, NAS에 올릴 자료는 업무별, 사업별, 학년별 폴더 구성을 하여 보안과 상관없는 자료만 공유한다.

다) 관리자는 모든 폴더 보기가 가능하므로 개인 고유 정보가 담긴 자료는 공유하지 않는다.

나. iPad 활용

1) iPad 교실 앱

[그림 5-30] iPad 교실 앱

　교실 앱은 사용자의 iPad를 활용하여 학생을 지도하고 학생의 학습 과정을 확인할 수 있을 뿐 아니라 학생이 진도를 따라갈 수 있도록 관리할 수 있다.
　교실 앱을 사용하면 모든 학생의 iPad에 동시에 같은 앱을 쉽게 실행하거나 각 학생 그룹의 iPad마다 다른 앱을 실행할 수 있다. 또한 교실 앱을 사용하면 교사가 가르치는 데 집중할 수 있기 때문에 학생들도 배우는 데 집중할 수 있다.

가) 공유 iPad를 학생에게 지정하기

- 한번 구성하면 근처에 있는 학생의 iPad와 교실 앱이 연결된다.
- 교실 앱은 학생이 가장 최근에 사용한 공유 iPad를 해당 학생에게 지정한다.
- 세션 종료 시 학생은 공유 iPad에서 로그아웃하여 다음 수업을 준비할 수 있다.

나) 학생의 학습을 시작, 진행, 또는 일시 정지하기

- 탭 한 번으로 학생을 위해 앱, 웹 사이트 또는 책을 실행할 수 있다.
- 학생이 수업에 집중할 수 있도록 특정 앱만 사용할 수 있게 잠글 수 있다.
- 화면을 잠가 학습을 일시 정지하거나 수업을 재개할 수 있다.
- 학생 기기의 소리를 끌 수 있다.

다) 화면 보기를 사용하여 학생의 화면 확인하기

- 모든 학생의 화면을 동시에 볼 수 있다.
- 한 학생의 화면에 맞추어 볼 수 있다.
- 교사가 학생의 화면을 보면 해당 학생에게 알림이 나타난다.

라) AirDrop을 사용하여 수업에서 도큐먼트와 링크 공유하기

- 탭 한 번으로 모든 수업에 공유할 수 있다.
- 학생 역시 교사와 공유할 수 있다.

마) 학생의 과제를 교실에 있는 Apple TV로 공유하기

- 학생의 우수한 과제물을 모든 학생에게 보여줄 수 있다.
- AirPlay를 사용하여 특정 학생의 화면을 무선으로 보여줄 수 있다.
- 학생의 화면이 공유되면 해당 학생에게 알림이 나타난다.

바) 학급 내에서 잊어버린 암호 즉시 재설정하기

- IT 부서의 도움 없이 관리되는 Apple ID 암호를 재설정할 수 있다.

사) 학생을 그룹으로 관리하기

- 교실 앱은 학생이 사용하는 앱을 기반으로 하여 자동으로 학생 그룹을 생성한다.
- 교사는 학생을 여러 개의 프로젝트 팀으로 나눌 수 있다.

- 전체 그룹 또는 그룹 내 개별 학생의 기기에 동작을 수행할 수 있다.
  학생과 일대일로 설정된 iPad와 공유 iPad 기기 모두에 적합하다.
  정보통신기술로 관리되는 수업 또는 교사가 생성한 수업을 지원한다.
  모든 동작은 로컬 네트워크상에서만 수행된다.

[필수 요구사항]

1. device : iOS 12 이상이 설치된 iPad(아이폰 안됨)
2. 학생과 교사의 기기에 Bluetooth 및 Wi-Fi가 활성화되어 있어야 함 : 같은 네트워크 주소를 갖고 있어야 한다.
3. 학생 기기는 교실 앱이 실행되어 있는 교사 기기의 Bluetooth 범위 내에 있어야 한다.

2) 스쿨 앱 활용

가) 교사 및 학생 모두 App store에서 교실 App 설치하기

(교사) 교실 앱 설치 후 실행

(학생) 교실 앱 설치 후 실행

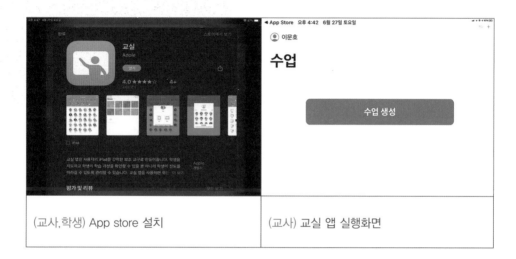

(교사,학생) App store 설치	(교사) 교실 앱 실행화면

(학생) 교실 앱에 학생등록 하기. 본인 프로필 사진 선택과 수업 참여시 보일 이름 적기(교사가 통일하여 정하기)

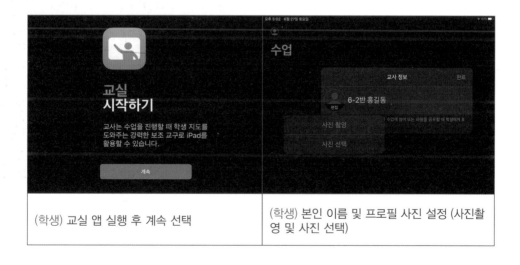

(학생) 교실 앱 실행 후 계속 선택	(학생) 본인 이름 및 프로필 사진 설정 (사진촬영 및 사진 선택)

나) (교사) 수업 진행을 위한 세팅을 한다. 앱/수업

　(학생) 수업 기다리기

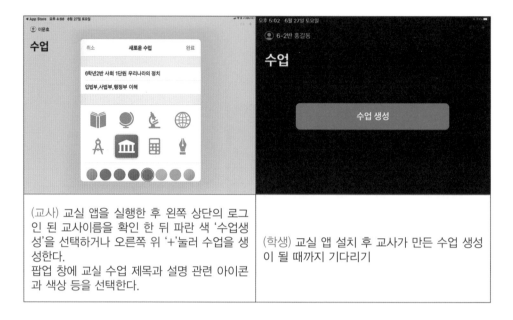

(교사) 교실 앱을 실행한 후 왼쪽 상단의 로그인 된 교사이름을 확인 한 뒤 파란 색 '수업생성'을 선택하거나 오른쪽 위 '+'눌러 수업을 생성한다. 팝업 창에 교실 수업 제목과 설명 관련 아이콘과 색상 등을 선택한다.	(학생) 교실 앱 설치 후 교사가 만든 수업 생성이 될 때까지 기다리기

다) (교사) 생성된 수업 확인

　(학생) 수업 기다리기

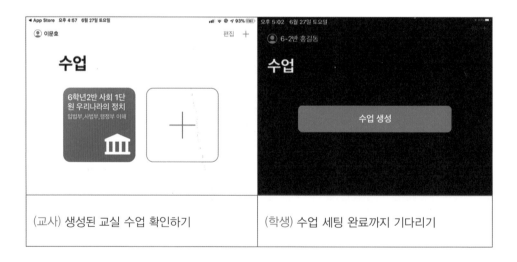

(교사) 생성된 교실 수업 확인하기	(학생) 수업 세팅 완료까지 기다리기

라) (교사) 생성된 수업 선택하여 수업 참여자 기다리기

　　(학생) 교사가 생성한 수업에 참여하기

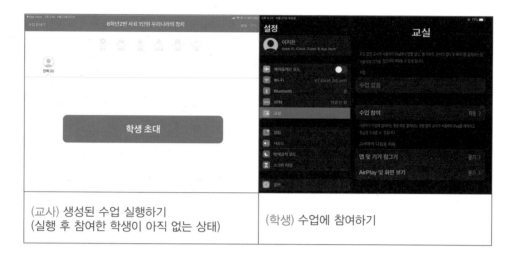

(교사) 생성된 수업 실행하기 (실행 후 참여한 학생이 아직 없는 상태)	(학생) 수업에 참여하기

마) (교사) 학생 초대를 선택하여 학생 초대 요청하기

　　(학생) 학생 초대에 응답하기

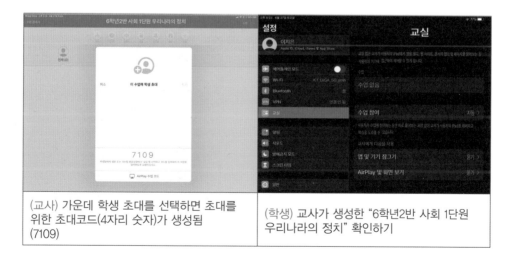

(교사) 가운데 학생 초대를 선택하면 초대를 위한 초대코드(4자리 숫자)가 생성됨 (7109)	(학생) 교사가 생성한 "6학년2반 사회 1단원 우리나라의 정치" 확인하기

바) (교사) 학생들이 참여 코드를 입력하기까지 기다리기

(학생) 설정/교실 메뉴에서 참여 코드를 선택한다.

(교사) 학생 참여 기다리기	(학생) 교사가 생성한 수업 제목 '6학년2반~' 을 선택 하면 참여 코드 입력란에 해당 참여 코드(7109)를 입력 한다.

사) (교사) 학생이 참여 코드를 선택한 뒤 교사는 교실 앱에서 참여한 학생이 보이면 참가를 눌러 수업 참여 하도록 한다.

(학생) 교사가 참가를 누르게 되면 수업에서 기다림 상태(…)에서 ⓘ로 바뀌면서 수업 참여가 확정된다.

(교사) 학생 참여 기다리기	(학생) 참여 코드를 누른 후 학습(6학년2반 사회단원~)에 참여한 상태

아) (교사) 수업 참여 학생을 모두 확인 한다.

(학생) 참여한 수업 상태를 확인한다.

(교사) 수업에 참여한 학생들이 보인다.	(학생) 본인이 참여하는 수업의 교사와 본인을 확인한다.

3) 교실 앱 활용 수업활동

가) (교사) 수업 계획에 의해 수업에 필요한 수업 자료 및 수업 통제를 수업 중 실행하기

① 열기 (교사) 학생들에게 모두 실행시킬 앱을 지정한다.

(학생) 교사가 지정한 앱이 학생 본인 아이패드에서 강제 실행된다.

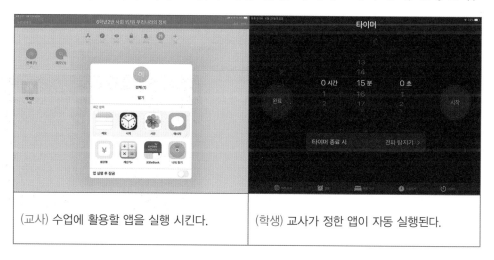

(교사) 수업에 활용할 앱을 실행 시킨다.	(학생) 교사가 정한 앱이 자동 실행된다.

② 안내

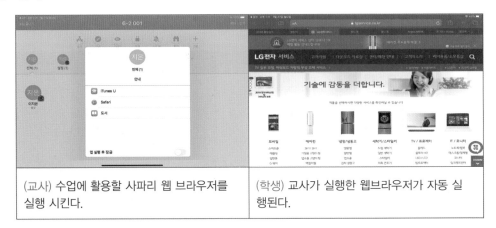

| (교사) 수업에 활용할 사파리 웹 브라우저를 실행 시킨다. | (학생) 교사가 실행한 웹브라우저가 자동 실행된다. |

③ 가리기

| (교사) 수업 중 가리기 메뉴를 활용하여 학생 iPad를 통제한다. | (학생) 교사의 관리에 따라 화면이 안보인다. |

④ 잠금

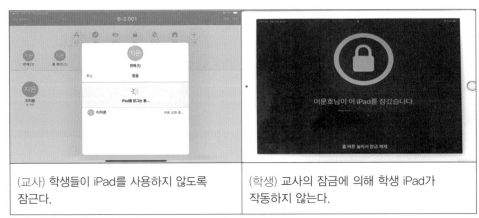

| (교사) 학생들이 iPad를 사용하지 않도록 잠근다. | (학생) 교사의 잠금에 의해 학생 iPad가 작동하지 않는다. |

⑤ 소리 끔

(교사) 소리를 끈다.	(학생) 교사 소리 끔 활동에 학생 iPad 소리가 안 들림

⑥ 화면

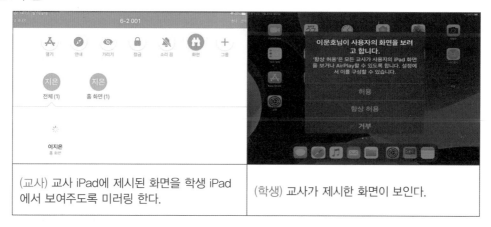

(교사) 교사 iPad에 제시된 화면을 학생 iPad 에서 보여주도록 미러링 한다.	(학생) 교사가 제시한 화면이 보인다.

⑦ 그룹

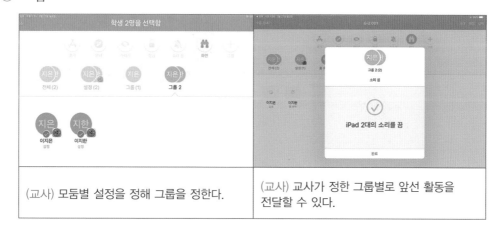

(교사) 모둠별 설정을 정해 그룹을 정한다.	(교사) 교사가 정한 그룹별로 앞선 활동을 전달할 수 있다.

나) 개별 학생 제어

① 제어할 학생 선택 후 열기, 안내, 가리기, 잠금, 소리 끔, Airplay, 화면 보기
(교사)는 기존 열기, 안내, 가리기, 잠금, 소리 끔 기능을 설정
(학생)은 교사가 제어한 대로 iPad가 지정됨

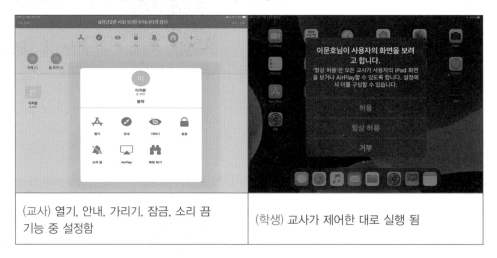

(교사) 열기, 안내, 가리기, 잠금, 소리 끔 기능 중 설정함	(학생) 교사가 제어한 대로 실행 됨

② Airplay : 애플 TV가 연결된 TV나 프로젝트 및 Airplay 미러링 기능이 있는 스마트 TV에서 사용 가능한 것으로 교사가 학생 결과물을 교사 TV로 미러링 하여 보여 줄 수 있는 기능

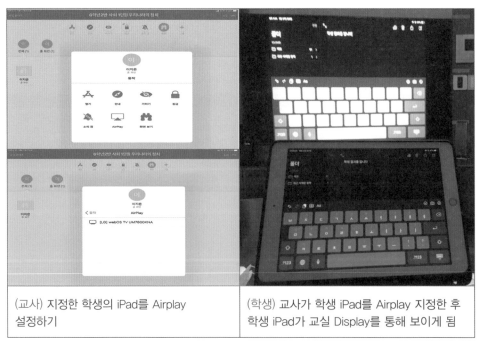

(교사) 지정한 학생의 iPad를 Airplay 설정하기	(학생) 교사가 학생 iPad를 Airplay 지정한 후 학생 iPad가 교실 Display를 통해 보이게 됨

③ 화면 보기 : 현재 활동하고 있는 학생의 iPad 화면 확인하기

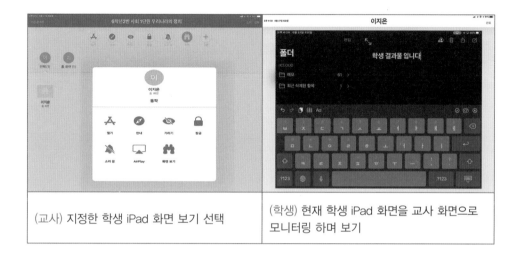

(교사) 지정한 학생 iPad 화면 보기 선택	(학생) 현재 학생 iPad 화면을 교사 화면으로 모니터링 하며 보기

화면보기가 설정 된 이후에는 학생 화면이 바뀌면 실시간으로 교사화면에서도 바뀌면서 모니터링 할 수 있음

(교사) 화면 보기 지정한 iPad 실시간 모니터링 가능	(학생) 현재 학생 iPad 화면을 교사 화면으로 모니터링 하며 보기

Part 5 | 기타 Smart 교육활용

④ 수업 끝내기

(교사) 화면 보기 지정한 iPad 실시간 모니터 링 가능	(교사) 현재 학생 iPad 화면을 교사 화면으로 모니터링 하며 보기